U0679350

中学班级活动策划与组织

韩建立 编著

ZHONGXUEBANJI

HUODONGCEHUA

YUZUZHI

吉林文史出版社

图书在版编目（CIP）数据

中学班级活动策划与组织／韩建立编著.——长春：
吉林文史出版社，2012.12（2021.6重印）
（班主任必备丛书）
ISBN 978-7-5472-1361-2

Ⅰ.①中… Ⅱ.①韩… Ⅲ.①活动课程－课程设计－中学
Ⅳ.①G632.3

中国版本图书馆 CIP 数据核字（2012）第 306973 号

班主任必备丛书

中学班级活动策划与组织

ZHONGXUE BANJI HUODONG CEHUA YU ZUZHI

编著／韩建立

责任编辑／高冰若

封面设计／小徐书装

出版发行／吉林文史出版社

地址／长春市福祉大路5788号

邮编／130118

网址／www.jlws.com.cn

印刷／三河市燕春印务有限公司

开本／710mm×1000mm 1/16

印张／14 字数／180 千字

版次／2013 年 2 月第 1 版 2021 年 6 月第 3 次印刷

书号／ISBN 978-7-5472-1361-2

定价／39.80 元

目 录

第一章　中学班级活动概述

　　活动是生命的本源意义之一。人的发展，不论是生理系统的发展，还是心理与社会系统的发展，都要以活动为源泉和动力。对于一个班级来说，其活动的意义也非同寻常。经过精心设计与组织的班级活动，是开发班级成员身心素质潜能的时空条件，是班集体形成和发展的整合因素。做好班级活动的设计与组织工作，对学生个人的成长、班级良好人际关系的建立、班集体凝聚力的形成有着重要的意义。

第一节　班级活动的意义

　　班级活动是在班主任的指导下，有目的、有计划地为实现班级教育目标而举行的各种教育、教学活动。它是学生学校活动的基本形式，也是班级文化建设的重要内容。开展班级活动有利于培养学生良好的品德，发展个性特长，锻炼意志品质，养成良好的行为习惯。班级活动是集体形成的基础，发展的催化剂。

　　班级活动不是为活动而活动，而是一个激发学生的情绪体验、活跃学生的思维的过程，这一过程是知识、能力与情感态度、价值观的有机统

一。班级活动能够培养学生的归属感，能够让学生更加热爱班级，能够让班级融为一个温暖的整体，能让学生由生疏而变得亲密。

班级活动主要有以下几点意义。

1. 有利于班集体凝聚力的提高，促进学生之间的团结互助

一个只注重成绩，不注重活动开展的班级，学生之间的关系相对会比较淡漠，整个班级会显得很散，没有凝聚力。学生只顾自己的学习，别的事一概与自己无关。长期如此，会导致学生不关心集体，自私自利。这样不仅班级工作难以开展，对学生成长也是非常不利的。只有在班级活动中，学生才能正确认识个人与集体、个人与他人的关系，培养集体主义精神和对集体的责任感、义务感和使命感，促进学生之间的团结、交往与合作，增强班级凝聚力。

2. 有利于强化学生做事的态度，培养自我教育的能力

班级如同一个小型社会，影响着学生日后的生活经验与能力。班级活动可以深化学生的生活经验及各方面的能力，强化学生的生活能力。学生在活动中寻找启示，充实自己的精神世界。参与班级活动是学生的精神态度完整性和统一性的标志。学生就是在五花八门的活动中，激发智慧，打开想象的大门，实现着成长。

班级活动的开展可以培养学生积极主动、民主做事的素养，通过民主程序了解相互尊重的重要性，培养少数服从多数、多数尊重少数的态度。不管愿意与否，学生总是在多姿多彩的班级活动中掌握着一定的态度和行为方式，亦即通过什么样的人际关系，用什么态度对待学习与成长，学生就会掌握各不相同的理想或不理想的社会道德态度和行为方式。有组织的活动，不仅可以使学生掌握知识活动技能，同时可以帮助他们形成理想的社会道德态度与行为方式。这样的学生进入社会后，对他们自己和别人都会有相当清楚的认识。

3. 有利于发掘学生的各项才能

一切教育都是通过个人参与活动而进行的。活动不断地发展个人的能力，熏染个体的意识，形成主体的习惯，锻炼个体的思想，激发个体的感情和情绪。班级活动可以让学生积极主动地认识自己，培养并发掘他们在各方面的才能，让他们在班级生活中有自我实现的机会。

4. 有利于学生综合素质的提高，促进学生的全面发展

近年来，越来越多的人开始呼吁素质教育，对传统教育的很多观念产生了质疑，认为在传统教育体制下，培养出来的"高才生"大多是高分低能，走出学校大门后适应能力极差，根本满足不了社会的要求。

新课程改革正是在这些质疑声的推动下开展的，提高学生的综合素质成为当前我国教育的首要任务。而班级活动能够为学生素质的发展提供很好的舞台，是学生全面发展的有效形式和途径。在班级活动中，学生需要参与活动的设计、组织和开展，这对挖掘学生的潜力是非常有利的。同时，班级活动能够使学生在活动中学会处理各种人际关系，增强适应环境的能力，形成合作意识，养成活泼开朗的性格，锻炼坚强的意志力。

第二节　班级活动的特点

活动课是九年义务教育课程体系的一部分，对全面落实素质教育，促进学生个性的健康发展，具有十分重要的意义。班级活动作为活动课的主要形式，也必然具备活动课趣味性、自主性、实践性、创造性的特点，发挥着学科课程不可替代的独特功能。因此，只有准确把握活动课的特点，才能科学地组织班级活动课。

一、趣味性。

突出班级活动的趣味性,可以激发学生的参与意识。兴趣是最好的老师。它能唤起学生参与活动的欲望,启发学生的思维,从而主动地获取知识。因此在组织班级活动时必须注重突出趣味性这一特点,让活动课真正"活"起来。那么,如何突出趣味性呢?

1. 活动内容要新颖有趣。我们应选择那些切近学生生活实际、学生喜闻乐见、新颖有趣的内容。如"学做广告"、"数字编码用处大"、"欣赏图形美"等。只有根据学生年龄特征和知识水平,灵活选择有启发性、能调动学生积极性的内容,才能激发起学生参与活动的兴趣,增强他们的参与意识。

2. 活动形式要灵活多样。班级活动的形式要结合内容灵活组织,使学生感到活泼有趣,丰富多彩,乐于参与。如知识竞赛、即兴演讲、做游戏、剪贴画、自编自演、制作采集、音乐欣赏等,使学生尝到在乐中学、玩中学的乐趣。

3. 要创设和谐愉快的活动氛围。良好的氛围能使学生的聪明才智得到最大限度地发挥。班主任要结合新颖独特的活动内容,选择灵活多变的活动形式,创设和谐欢乐的活动氛围,让学生乐有所得。如适时的音乐陶冶、生动的语言感染、形象的画面欣赏、及时的精神鼓励,都会让学生心旷神怡,从而调动他们参与活动的积极性,在愉快的情境中求知、求乐,享受成功的喜悦。

二、自主性

强调班级活动的自主性,可以培养学生的主体意识。学生是班级活动的主人,班主任要创造条件,充分发挥学生的主动性,放手让学生自己组织,主动参与到班级活动中去。班主任应尊重学生,及时加以指导和点拨,为学生排忧解难,让学生自己在活动中去感受,去领悟,去发现问题,主动地解决问题,发挥他们的独立性,在活动中动口、动手、动脑,依靠自己的智慧去参与班级活动,独立地获取知识。如组织"数字编码用处大"的班级活动时,先布置学生进行社会调查,看哪些领域应用了数字编码,并知道一些数字编码,如身份证编码、邮政编码、常用电话号码、车牌号码等的编排特点。班主任事先录制好介绍数字编码编排规律的录像带;活动采取小组竞赛的形式。每轮竞赛前先看一段有关内容的录像,主持人由学生担任,班主任坐在裁判席上,只有当参赛人的问题主持人不能裁决时,班主任才给予辅助解答。整个活动课全班同学人人参与,特别是后进生也有机会表现自己。

三、实践性

坚持班级活动实践性,可以培养学生的操作意识。班级活动有别于学科教学,它不但要求"活",而且要求"动",即动口、动手、动脑相结合,注重学生的实践操作。如画一画、贴一贴、做一做、唱一唱、说一说、量一量、写一写、摆一摆等。让学生在做中学,玩中学,既要培养学生发现问题、解决问题的能力,又要培养学生的操作能力。如"欣赏图形美"的班级活动,整个活动过程分为剪、摆、贴、赏四个环节,每一环节都训练了学生的动手操作能力。再如"秋天颂",让学生动手画出秋天的美丽景色,写出赞美秋天的片段,使学生联系生活实践,拓宽了思路,丰富了知识,提高了能力。

四、创造性

鼓励班级活动的创造性,可以发掘学生的创造潜能。未来的世界需要的是开拓型人才,因此,在班级活动中,班主任要创造机会,充分发挥学生的创造潜能,使他们能有机会独立思考,掌握从不同角度观察、思考和解决问题的方法,发掘自己的创造潜能。班主任要把微笑带进班级活动中,鼓励冒尖,鼓励创新。如"学做广告"的班级活动,班主任让学生学

做广告。商品品牌不限，广告形式不限，留出自由空间，让学生尽情想象，充分发挥。如一个学生为书包做的广告词是："你想做好孩子吗？那么，就请背'好孩子'书包吧！它美观、耐用、经济、实惠。愿好孩子都背'好孩子'书包，愿'好孩子'书包天天伴随您！"另一个学生写的广告词也是别具一格："小白兔，白又白，用我刷牙，人人爱！欢迎您使用'小白兔'牙膏！"还有一些学生表现出了良好的绘画技能，他们设计的画面新颖别致，富有想象力：为方便面做的广告画面是一个胖胖的厨师对着热腾腾的方便面伸出了大拇指……

总之，班级活动的开展为学生提供了一个广阔的发展空间。在具体实施中，一定要把握住班级活动的特点，灵活多样地组织活动，全面提高学生素质，在活动中落实素质教育。

第三节　班级活动的设计原则

班级活动是在班级内有组织地开展各种教育活动。班级活动是学校教育活动的重要组成部分，是班级集体教育的经常性形式。形式多样的班级活动不仅可以促进学生个体发展，也可以促进班集体的群体建设。在班级活动中，班主任应进行有效组织和精心指导，通过开展班级活动，培养学生良好的品德，发展个性特长，锻炼意志品质，养成良好的行为习惯。班级活动是以集体为基础，以活动为催化的一种特定教育方式。在开展班级活动时，要紧扣以下几项原则。

一、教育性原则

班级活动的教育目的是多方面的，可以是提升学生的思想道德水平，可以是开发学生的智力水平,可以是提高学生的社会交往能力,可以是增强学生的审美情趣,以及强身健体的方法等。好的班级活动应发挥教育的综合功能。

教育性最重要的体现是在活动内容上,如以"我为校园环境出份力"为主题,在学校宣传环保知识活动中,增强学生的校园环境意识;组织对"我们能否进网吧"的讲座,展开讨论疏导,使一些学生改变沉迷玩网络游戏而忽视学习的习性。在班上开展选"爱心大使"活动,夸奖给他人送温暖的言行,会培养学生的爱心。丰富的班级活动有娱乐性的"扳腕大赛",有学生动手自理的"野炊",有增强体力的跳绳比赛等活动。班级活动的综合功能,都能从不同侧面使学生受到教育。

体现班级活动的教育性,首先是活动的名称要有感染力;其次活动准备的场地要有教育氛围,会场布置要体现教育情境、活动气氛,标题的书写、展板的摆放、桌椅的形式,都要进行整体设计。在班级活动中,要最大限度地调动学生动口、动手、动脑,使学生在亲身感受中得到教育,同时要注意运用电脑课件、网络传媒的教育作用。

同时,班级活动总结工作,应尽量发动学生自己总结收获和体会,以利于今后活动的开展和锻炼学生。

二、针对性原则

要让学生在班级活动中得到教育和提高,这就需要班主任经常观察了解学生的日常行为、学生的喜好特性和思想感情,从中发现和挖掘班级活动的有效命题。

1. 从学生行为中寻找班级活动项目。如发现学生上课时折纸玩,就可以安排一次手工艺折纸活动比赛,并进行活动分析评价,既让学生知道上课要认真听课,又让学生加强动手能力和创作能力;又如发现有学生常常乱扔垃圾,就可以来一次"投篮球赛",既让学生改掉坏毛病,又加

强了学生的体育锻炼。

2. 从学生思想活动中确定教育目标。如学生中存在着只顾学习成绩，而忽视全面素质的发展，忽视身体健康的倾向，班主任可以适时开展"未来社会需要什么样的人才"的班级活动演讲，让学生发言和讨论，通过活动改变学生的人才观，确定自己的人生目标，同时也锻炼了学生的口才。

3. 从学生的喜好特长中确定活动内容。不同的学生有不同的个人喜好和特长。要把他们组织起来一起开展活动，一是可以激发学生的自信心，二是可以综合显示班级的特色。如组织小型的文艺活动，可以把爱唱歌跳舞、搞创作、当编导、吹拉弹奏等特长的学生挖掘出来；挖掘的过程也是加深班主任与学生沟通的过程。

三、多样性原则

班级活动要达到理想的教育目的，就必须注意活动内容、形式、组织方式的多样性。首先是活动内容的多样性，开展班级活动要兼顾学生德、智、体、美、劳各方面的素质，使活动既有教育性，又有趣味性。如一个班级在制订活动计划时，主线是"通过活动促进学生全面发展"。具体安排上既有思想教育方面的"一日常规我知道"、"集体在我心中"活动；又有学习方面的"智力竞赛"活动；既有发展体能的"乒乓球比赛"活动，又有图文并茂的"手抄报汇展"；还有"科技小制作"班会。活动内容多样化，使不同程度的学生都有施展的机会，心理上有成功的体验。

其次是活动形式多样化。学生喜欢求知、求新、求实、求乐。因此，班级活动形式要丰富多彩，变化新奇。如班级活动内容是"心中有他人"，形式上可多样：可以开故事会，可以用文艺演出的形式，把本班同学的好事编成小节目演出来；可以去给退休老人送温暖。在一个活动中也可运用多种富于变化的形式，如中秋佳节，可以安排化妆晚会，有歌舞表演、民间传说介绍、即席演讲、谜语竞猜、吃月饼等多种形式。让所有参加活动的学生都感受团圆,体验快乐。

再者,活动的组织方式也应多样化。除了集体活动,还可以是小组活动、社团活动、甚至是三五个人自由结合活动。兼顾学生的兴趣、爱好、发展需要,让活动更有实效性。

四、整体性原则

整体性是指班级活动的内容、活动的全过程、活动的教育力量,都要成为一个系统,用整体的教育思想指导整体的教育活动,达到教育目标实现的整体性和学生身心整体发展最高境界。

从活动的全过程看,整体活动和个别活动是辩证统一的。就一次活动来说,只有从酝酿、设计、准备阶段发动学生全身心地投入进来,活动实施时才会有激情。教育性也就蕴含其中了。从整体活动看,活动之间也应有一个系统性和连贯性的安排。如有的班级在校园文化节系列活动中,分别搞了"插花、水果拼盘讲座"、"我爱校园环境"、"自创作品展"几项活动。学生们分别从艺术美出发,到校园环境美,进而到校园环保与学习环境。在这个系列活动中,每一个活动的结束成为后一个活动的起点,后一项活动巩固、强化了前一项活动的教育。这样,一环套一环,循序渐进地进行活动,整体教育效果就显露出来了。

五、易操作性

开展班级活动要注意它的易操作性。

首先要注意班级活动的规模。从规模上看,有日常的活动,也有主题突出的活动。日常活动基本上是每天要进行的,因此要短、小、实。短,即时间短,一般三五分钟。小,即解决小问题,或针对班里的情况一事一议,或对一种行为展开评价,或背诵一首古诗,或表扬一个同学。实,即解决问题要实际,一次集中解决一个问题,不面面俱到。形式上也要保

证实效,可以有全班、小组、同桌活动几种形式。主题班会一般是全体参加,一个时期搞一次。要做到:(1)目标适宜,即一次活动要达到什么目的,不要定得太多,1~2个即可。(2)主题集中,即一次确定一个主题,力图给学生留下深刻的印象。(3)过程简洁,即班会的程序要清楚、明了,场面不宜过大,容量以一课时为宜。

其次,要注意活动的频率。一学期里,班级主题活动的次数不能过多,也不能没有。活动过多,学生花过多精力在活动上,必然会冲击学习,会造成一些人静不下心来学习。活动过少,学生会感到枯燥、乏味,滋生的一些不健康思想得不到有效的控制,班主任只能疲于应付偶发事件。至于活动多少为宜,要依据具体情况具体分析。

再次,班级日常活动要形成自动化操作。如上操、查卫生、主持"每日一说"等,每天有专人负责,固定时间进行,操作就简单了。每一次大的班级活动,事前要制订详细的方案,谁主持,谁发言,谁表演,谁负责录音、投影,谁总结,都要事先安排,这样,操作起来才能有条不紊。

搞好学生班级活动的几项原则,相互彼此分开,有时又相互关联;这就需要班主任灵活地掌握使用。搞好班级活动的主因在班主任的努力,只要勇于开拓、勇于创新,不断总结经验,改进工作,相信一定会把班级活动搞得生机勃勃。

第二章　中学班级日常活动

班级日常活动内容广泛、形式多样。有效地开展班级日常活动,有利于班集体的健康发展。

第一节　主题班会的策划与组织

主题班会是全班学生在班主任的指导下,围绕一个专题或针对一个问题而开展的教育活动。

主题班会较一般班会而言,优点在于目的明确,内容集中。班主任应该从学生实际出发,结合学校的常规教育以及国家和社会对学生的要求,精选主题。对于班主任而言,主题班会是学校德育教育的重要载体,是班级活动的重头戏。开好主题班会是每个班主任都必须掌握的基本功。

主题班会是班主任对学生进行思想教育的一个主要途径,它在澄清是非、提高认识、促进学生成长和帮助学生树立正确的人生观等方面都起着重要作用。

班主任可利用主题班会充分发挥集体的智慧和力量,让学生在集体

11

活动中受教育、受熏陶,从而提高学生的综合素质。

一、主题班会的设计要求

建设良好的班风是每一位班主任进行班级管理和教育的重要内容。一节主题鲜明且富有教育意义的班会,对良好班风的形成能起到很好的辅助作用,它能成为班主任德育工作的有效载体。

1. 增强主题的针对性

班主任要有敏锐的感知能力,从大处着眼,小处着手,灵活捕捉契机。根据学生的思想、学习、生活实际,针对存在的问题来确定主题。如结合清洁卫生轮值中有同学未能完成任务,使班级在卫生检查中被扣分的"平常事",开展"集体与我同行"主题班会;结合部分学生在家任性,不听父母的教导,不体谅父母这一现象,适时以"我爱我家"为主题,召开班会。

重大节假日、纪念日、革命领袖、民族英雄、杰出名人等历史人物的诞辰和逝世纪念日等重要日子,都蕴藏着宝贵的德育资源。班主任可适时结合实际开展主题班会,如开学初开展"新学期的打算"主题班会,结合植树节开展"争当绿色小卫士"主题班会,结合"五一"劳动节开展"我有一双能干的手"主题班会等。

2. 突出策划的自主性

开展主题班会活动,要充分体现学生的自主性,为学生提供成长锻炼的机会,真正让学生"活"起来,"动"起来。在班会主题确认后,班主任可让学生自己策划,自己构想,制订活动方案,以满足他们自主成长的需要。

在主题班会的方案策划中,班主任可充分发挥主导作用,由"扶"到"放",循序渐进地引导学生,充分相信学生。让学生学会合作与分享,共同商议决定班会的活动准备、内容安排、活动形式、活动流程等。尤其要发动后进生和"不乐于参与"的学生参与策划,为每一个学生创造自主成长的机会。

3. 注重实施的趣味性

主题班会的实施要遵循学生的生理、心理规律,班主任要用生动活泼、新颖有趣的形式,吸引和感染学生,充分调动学生参与的积极性。

实施主题班会时,班主任要善于抓"亮"点,或以"竞赛"为主,培养学生的竞争能力和竞争精神;或以"体验"为主,让学生在体验中获得快乐,受到教育;或以"游戏"为主,寓教于乐,在活动中提高学生的全面素质。如在开展"把关心献给别人"主题班会时,为了让学生切身体验老弱病残的辛苦,可以让他们蒙上眼睛去做事,用一只胳膊来穿衣,用一只脚来走路等,让学生在深刻体验中受到教育。

4. 强化活动的系列性

一次主题班会不可能解决学生的全部问题,班主任要善于围绕主题班会开展系列课外实践活动,强化并延续主题班会的教育效果。实践中,班主任可根据班会主题,有目的、有计划,由浅入深、由易到难地分阶段开展系列活动,使学生在某一方面受到较完整的教育。如在开展"争做环保小卫士"主题班会前,可以组织学生开展社会调查,收集水资源现状、环境污染程度等有关数据及资料,参加"保护地球、爱我家园"演讲比赛和手抄报比赛;实施后,组织学生发出"争做环保小卫士"倡议书,参加"变弃为宝"手工小制作比赛,学做校园的"小卫士"等。通过系列活动,深化"争做环保小卫士"这一主题,学生的能力得以锻炼,知识得以拓展,有效促进学生的全面发展。

二、主题班会主题的选择

主题班会的成败,很大一部分取决于主题的选择。主题是统率整个活动的灵魂,影响着活动内容的安排和形式的选择,是关系到班会是否

能达到预期效果的重要因素。

1. "小"中见"大"，从学生的实际生活中选取主题。"小"指学生学习、生活中的一些小事或普遍现象，"大"指这些小事、现象反映出的问题或蕴含的道理。学生的学习、生活中往往蕴藏着教育的契机，主题班会应从学生实际生活中选取主题，进行有针对性的教育。

2. "大"中见"小"，从社会大背景中提炼主题。"大"指国内外的重大事件，"小"指学生的思想。学生也是一个社会人，身处现实社会之中，受到社会生活的深刻影响，加之现在的学生自主意识增强、社会接触面不断扩大、信息获取渠道日益增多，他们的思想呈现出复杂性、多样性的特点。这就要求班主任在进行主题选择时，应该紧扣时代脉搏，把握教育发展的趋势，善于从国际国内的最新热点话题或大事件中挖掘主题。

3. "常规"中见"创新"，从传统教育中发掘主题。爱国主义、集体主义、文明礼仪等是教育永恒的主旋律，新时期，不但要赋予它们新的内涵，还要有所创新。

此外，主题班会还应顺应形势发展，增加诸如心理健康教育、性知识教育、挫折教育、网络教育、禁毒教育、国际形势教育等新的教育主题，以满足新时代对学生素质的新要求。

三、主题班会形式设计

组织一次成功的主题班会，除了要对主题、内容进行精心的设计外，还要考虑采用恰当的形式。要做到主题和内容相统一，就必须要有一定的主题班会形式做载体。

1. 模拟扮演式主题班会。教育的效果不仅取决于教师说了些什么，而且更取决于学生从中体验到了什么。如果想让学生接受教师的要求，培养学生良好的行为习惯，就必须为学生提供一定的参与空间，使学生有深刻的体验。对此，可以召开模拟扮演式主题班会，让学生在不同的环境下扮演不同的角色,以增强学生的内在体验。如在学生出现矛盾后,班主任针对这种现象,可以重新模拟当时的情景,让学生换位扮演,既能很好地化解矛盾,又可以更好地教育其他学生。比如为了教育学生理解父母,可以模拟家庭生活,让不同的学生扮演不同的角色,体验父母的辛苦和对自己的关心,从而更加珍惜来之不易的学习机会。这种形式能够让学生身临其境,换位思考,亲自体验,从而受到感染和启迪,提高主题班会的效果。

2. 咨询答疑式主题班会。青少年时期生理心理变化较大,心理问题和心理困惑也较多。这些问题如果得不到有效的重视和解决,很容易影响到学生的未来发展。从青少年的发展特点来看,他们又处在好奇心重、探究欲望强的阶段,对很多问题渴望了解和解决,但是限于认识水平和能力的制约,仅仅靠自身又难以解决。针对这种现状,班主任可以定期组织咨询答疑式的主题班会,通过调查,确定学生最关注和最期望解决的问题作为主题,让学生围绕这个主题确定问题,然后邀请科任教师、学生代表、资深领导或心理学专家为学生释疑解难、排除心理障碍。

3. 专题报告式主题班会。在不同的教育阶段,可以召开专题报告式主题班会,围绕某个教育主题,邀请具有较强的典型性和权威性的人做专题报告,如请革命老前辈介绍新生活的来之不易,请司法人员做预防犯罪专题报告,或让班级中优秀的学生介绍自己的学习方法或经验等。但是应该注意,采取这种形式一定要选择好专题,要了解和把握学生的思想脉搏,针对学生关心的问题和渴望解决的困惑来选择专题,以激起学生的兴趣和参与的主动性。

4. 成果汇报式主题班会。无论是教育的要求,还是学生自身发展的要求,都需要学生积极走向社会,走向更为广阔的空间,积极参加社会实践活动,以获得知识,增强社会责任感。但以往我们往往只注重学生参加

社会调查、参与社会实践活动的形式，对学生的内在体验缺乏有效的了解。因此，班主任可以及时召开成果汇报式主题班会，让学生报告自己在调查中的发现和参与活动的体验，展示自己取得的成果，表现自己的特长和才能，在相互交流中，增强学生的成就感和自信心，强化学生的内在体验，最终培养起学生的社会责任感，为学生的未来发展奠定基础。

5. 专题辩论式主题班会。针对学生易混淆、理解不深的问题，或者学生感兴趣、平时议论较多的热点问题，可以设置专题，将班内学生分成正反方进行辩论，并允许其他学生发表意见。通过辩论，学生弄清楚了那些容易混淆的敏感问题，同时也培养了是非分明、立场坚定、逻辑严密、论证充分的世界观和思维方式，提高了口头表达能力。这种类型的班会将知识性与趣味性融合在一起，大大激发了学生的求知欲，可以使学生在欢乐轻松的气氛中受到教育。

6. 实话实说式主题班会。青少年有自己的思想，有自己的看法，渴望独立地分析问题或处理问题，但在实践的过程中往往会有偏差。这时，可以围绕学生普遍关注的热点问题，适时举行主题班会，通过学生的交流、讨论及教师的点拨，来提高学生认识问题和分析问题的能力。比如，以学习成绩与家教关系为主题实话实说，学生们用自己的亲身体会共同交流、讨论，大家一致认识到：学习成绩的好坏与请家教没有必然的联系，学习成绩的提高与自信心密切相关，这其中必不可少的是敢于提问，勤于努力，独立思考。最后主持人用彼德·克莱思的一句话"当学习充满乐趣时，才更为有效"结束班会。这样的班会形式简单，以"聊"为主，学生通过愉快的交谈，达到自我认识、自我教育、自我提高的目的。

7. 娱乐表演式主题班会。教育活动的效果在一定程度上取决于学生的参与程度。形式新颖、娱乐性强的主题班会，往往能够满足青少年学生的好奇心，调动学生参与活动的积极性。因此可以设计一些娱乐表演式的主题班会,将深奥的道理寓于活泼轻松的娱乐之中,使学生在心情愉悦、潜移默化中受到教育。比如,学习先进模范,单纯地进行说教往往显得很枯燥,可以让学生将先进人物的事迹编排成各种文艺节目进行表演,在娱乐活动中受到教育。即使是严肃的主题,也可以在不偏离主题的情况下,让学生采用小品、合唱、快板、诗朗诵等形式进行组织,以提高教育的效果。

主题班会的形式还有很多,每次班会也不是只能使用一种形式。要认识到形式只是为主题服务的,关键是要选好活动的主题,要体现它的教育性,然后根据主题选择一种或多种形式,以达到规范学生行为、锻炼学生能力、陶冶学生情操的目的。

四、主题班会过程设计

主题班会的主题、形式确定以后,还应考虑过程的设计,做到紧凑、合理、突出主题。其具体如下:

(1)确立主题:在确定主题时,应尽量选取学生中的一些热点问题、学生成长中的困惑、典型事件或结合节日以及学校所开展的主题活动。

(2)针对问题分析:主题班会的召开,一定要解决某个问题,达到某个目的。这一定要在准备时想好,问题抓得准确与否,将直接决定主题班会的效果。

(3)确立活动形式:这项工作可根据班会主题和班级实际情况、学生的意见来确定。

(4)确立活动程序:程序的安排,要注意循序渐进、引人入胜、富有创造性,以达到主题班会设计的预期目的。导入、过渡、高潮、结束等,都要有详细设计,甚至衔接的语句、音响的配合等,也要考虑周详。

(5)具体实施:

①准备阶段

第一步, 动员学生。

主题班会要开得成功, 必须全体学生参与。为此, 我们要做到以下四点:

A. 向学生说明班会的意义;

B. 提前一周布置任务, 让每一名学生都准备;

C. 确定发言对象;

D. 召开班干部会议, 讨论班会的程序, 每一个环节落实到位。

第二步, 确定主持人和发言稿。

主题班会的主持人很关键, 因为除了班主任临场指导外, 控制班会场面和处理突发事件一般由主持人来把握, 这需要主持人有较强的应变能力和表达能力。另外, 根据不同的班会形式, 选择不同的主持人。发言稿是主题班会具体实施时的重要载体, 一定要准确到位地体现主题班会的意图。

第三步, 准备节目。

有些主题班会可能还会有一些节目, 对这些节目要事先排演; 如有辩论, 要事先找好辩手, 写好辩词。这些主要由学生自己设计、排练, 班主任稍加指导。

第四步, 邀请嘉宾。

必要时, 邀请嘉宾有针对性地谈谈对某个问题的看法, 可以使学生受到更全面深刻的教育。

第五步, 布置会场。

如书写会标、张贴挂图、准备投影幻灯机、录音机、电视机、录像机以及表演所需的道具等, 既可以渲染主题班会的气氛, 又可以培养学生动脑动手的能力。

②实施阶段

按照设计的程序，由学生自行组织、主持主题班会。让学生当主人，教师当参谋，因势利导，把活动推向深层。学生在这个过程中参与度要高，不能开成某几个学生的专场。班主任可以随时参与班会，如有什么问题可以救场或随时发表意见。在班会的最后，班主任要小结，启发学生自己去思考，扩大教育影响，给班会起到画龙点睛的作用。

（6）反馈巩固

一次主题班会并不意味着教育目标的实现，必须通过多次教育活动才能达到预期的教育目的。作为班主任，要随时在班会准备过程中广开言路，接受信息反馈，及时调整计划和目标。班会结束后，重视会后跟踪，随时对主题班会进行分析，总结经验，为下一次班会做准备。

主题班会的设计是一门学问，需要不断去探索、研究和实践。要巧妙地设计主题班会的内容，让学生在活动中受到教育，提高学生的综合素质。

【相关案例】

尽我一点力，还地球一片绿

一、主题背景

"环保"的理念早已深入人心，无论是在地球的哪个角落，都有一些人在用自己的行动来实践这一理念。现在很多"90后"的学生，娇生惯养，劳动能力差，甚至个别学生的个人卫生习惯也很差，并且不尊重别人的劳动成果，乱扔垃圾。中学生作为社会的分子，也应该意识到自己或者周围人的哪些行为属于保护环境的，哪些行为属于破坏环境的，我们可以通过哪些具体可行的措施来保护周围的环境，还地球一片绿色。因此，在这种社会大背景和班级小背景下，召开这样一节主题班会势在必行。

二、活动目的

在当今，人们已经认识到环境保护的重要性，作为中学生，应该通过一些具体可行的行为来保护周围的环境，还地球一片绿。

三、活动准备

课前学生利用一周左右的时间，观察周围同学或家人或路人的哪些行为是属于破坏环境的；查找资料，看看人类对大自然的破坏到底产生了哪些后果（主要是气候方面）；根据经验，自己的哪些做法可以真正做到保护环境，保护地球母亲。

四、活动流程

1.由学生主持人导入，向大家提问什么是"低碳"、"低碳"到底与我们的生活有哪些关系？学生回答后，主持人总结："低碳"意指较低（更低）的温室气体（二氧化碳为主）排放。随着世界工业经济的发展、人口的剧增、人类欲望的无限上升和生产生活方式的无节制，世界气候面临越来越严重的问题，二氧化碳排放量越来越大，地球臭氧层正遭受前所未有的危机，全球灾难性气候变化屡屡出现，已经严重危害到人类的生存环境和健康安全，即使人类曾经引以为豪的高速增长或膨胀的GDP，也因为环境污染、气候变化而大打折扣。

"低碳生活"，就是指生活作息时所耗用的能量要尽力减少，从而减低碳，特别是二氧化碳的排放量。人们减少对大气的污染，减缓生态恶化，主要是从节电、节气和回收三个环节来改变的。低碳生活的出现，不仅告诉人们，你可以为减碳做些什么，还告诉人们，你可以怎么做。在这种生活方式逐渐形成的时候，大家开始关心：我今天有没有为减碳做些什么？

2.为什么要实行低碳生活？到底今天我们人类面临着哪些危机？

（1）由学生通过PPT来向大家展示，人类的无节制行为到底给大自然带来了哪些伤害：

图一：近年来，由于全球变暖，喜马拉雅山山脉冰川加速融化。

[1968年和2007年喜马拉雅山脉冰川对比][图略]

图二：2010年发生在我国西南地区的几十年不遇的特大干旱[图略]

图三：南方洪水[图略]

图四：2010年的俄罗斯大火[图略]

图五：2010年8月7日甘肃舟曲特大泥石流灾害[图略]

展示图片的学生进行总结：看着这些触目惊心的画面，我们意识到，地球再一次给我们敲响了警钟。生活在地球上的每一个人，都应该在向地球母亲索取后，用行为给予地球实际地回报。

（2）由另一学生通过PPT，展示自己搜集到的关于环境遭到破坏的一些数据：《人民日报·海外版》（2002年10月14日第十一版）报道：全球生态环境亮起红灯，表现在：23%的耕地面积严重退化，50%的江河水流量减少或被严重污染，25%的哺乳动物、12%的鸟类濒临灭绝……

提供数据的学生进行总结：这些真实的数据，正是人类对环境破坏的最好证明，面对这些数据，我们能不惭愧吗？

3. 细数自己哪些行为是破坏环境的(不利于环保)。

（该过程，学生可以各抒己见，可以反省自己的行为，也可以说出周围人的不文明行为）

4. 主持人总结：乱扔垃圾、浪费水电、电子垃圾的产生、汽车尾气的排放、乱砍滥伐、工业垃圾的乱排放、矿山无节制开发等，都属于破坏环境的行为，人们为了追求经济利益，而破坏自然，使我们的地球母亲不断地受伤流泪。作为中学生的我们，其实也可以尽自己的一点力，来还给地球一片绿色！同学们每人手中都有一张绿色的纸片，请同学们在上面写上自己关于环保的想法或者建议，并且签上自己的名字。

主持人选一些有代表性的建议来宣读，也可以进行补充：如尽量不喝瓶装水和瓶装饮料，自己用杯子装水喝；建议家长少开车，出门尽量选择公共

汽车；到菜市场或超市，尽量自带环保购物袋；作业本要节约使用，草稿纸要正反面使用；多使用笔芯而不是多买笔，尽量使用钢笔；垃圾要分类处理；节约用水，做到"一水多用"……

五、以同学表演的小品形式进行总结

表演一：一学生扮演地球，其他4名学生分别扮演挖掘者、破坏树木的人、乱扔垃圾的人、开车排放尾气的人，通过破坏者的破坏行为，扮演地球的学生最终倒下了。

表演二：扮演破坏者的学生再接着扮演环保人士，多植树，垃圾进行分类处理，停止开采，地球又重新站起来了。

主持人：刚才的对比表演使大家清楚地看到了，人们的不同行为会给地球带来不同的结果。实际上，我们对地球的伤害已经使自己受到了惩罚，伤害地球就是伤害我们人类自己。所以我建议，大家就从身边的一些小事开始做起，改正自己的不良行为，尽自己的一点力，还地球一片绿，低碳每一天！同时，我提议，把每周的星期一作为我们初二(6)班的环保日，在这一天里，大家都要尽量注意自己的行为或提醒他人的不良行为，从每周的第一天开始做起，从每一件小事做起，保护地球。

【案例点评】

本次班会紧扣环保主题、低碳生活，具有时代性、针对性，符合学生实际和生活实际。流程布局合理，能充分挖掘和利用社会、学校、班级的德育资源，创设一定的教育情境，以学生为中心，让学生现身表演，充分发挥学生的主体作用，让学生在参与活动中明确了环保与低碳生活的重要性和实施方法。整个班会，老师走到了幕后，充分体现了现代教育的理念：老师只是学生学习的一个"助手"，学生才是自己成长的主人。班会最后决定把每周的星期一作为班级的环保日，真正把这节课的主题和目的落到了实处，给学生创设了一个可以将班会收获进行实践的平台。

第二节　班级晨会的策划与组织

班级晨会,是班主任利用每天早晨10分钟时间,对学生进行常规教育、时机教育的重要活动。晨会有着鲜明的主题、丰富的内容、灵活的形式。在晨会中能针对学生实际及时施加教育影响,有利于学生获取即时信息,体现教育的开放性,有强烈的时代气息,学生能在主动、生动、饶有情趣的活动中,受到积极有效的教育。

俗话说:"一日之计在于晨"。班级晨会是一天中班主任上的第一堂课,是与学生面对面、心与心交流的最佳时间。虽然只有短短的十分钟,但它就如一次"精神早餐",为学生一天的学习生活提供了营养和活力。因此,不能等闲视之。

班级晨会是中学生一天学习生活的开始。晨会作为序曲,是师生之间互相问候、交流信息和班主任安排工作的一种方式。通过晨会活动,班主任可以有目的、有计划、有组织地引导学生积极自觉地学习,促进学生多方面素质的提高。

一、班级晨会的内容

班级晨会时间短暂,是一片"小天地",但是它却内容丰富,短小精悍,灵活多变,没有什么框框和固定的限制。它可以根据不同年龄段学生的心理和生理特征、个性特点,开放性地选择活动主题和内容。大致包括以下各类:

1. 智能开发类晨会。如课程学习指导、学习方法交流、名人名言领悟、科技探秘寻宝、智力大比拼等。

2. 文化艺术类晨会。如新书推荐、艺苑动态、精彩电视节目、最近影讯、作家新作、名曲欣赏、益智游戏等。

3. 沟通咨询类晨会。如说说心里话、交友大家谈、生活小窍门、卫生知识ABC、实用生活劳动技能点滴等。

4. 民主生活类晨会。如大家帮我出主意、请老师听我们说、"班级活动金点子、社会热点评说、大家帮我解烦恼等。

5. 思想品德教育类晨会。如世界风云瞭望、国家大事、行为红绿灯、我的人生理想、一事一议辨是非等。

二、班级晨会设计的原则

1. 目的性

班级晨会不是可有可无的摆设,把晨会单独作为独立的课程存在,说明它的意义十分重大。它需要班主任的精心策划和指导,全体同学的积极参与,这样才能使每天的晨会都能有计划、高效地开好,而不是流于形式,更不是可有可无的虚设,从而通过晨会规范学生的行为,开拓学生的视野,展示学生的个性与才华,融洽班集体的人际关系。

2. 多样性

晨会天天召开,因此容易陈陈相因,让学生感到单调乏味,不能发挥应有的作用。所以晨会要克服班主任"一言堂"、教师唱独角戏的旧模式,采取多种多样的新颖形式。可以讲故事,展现表演才能;可以评一句名言,阐述其中的哲理;可以说见闻,谈感受;可以诵读经典美文;可以唱一首好歌;可以猜谜语;可以进行智力游戏;可以评说班级情况,发扬优点指出不足。总之要注意知识性与趣味性的结合。兴趣是最好的老师。在晨会形式和内容上,班主任要精心设计,灵活安排,使学生产生浓厚的兴趣,积极参与,激发学生兴趣,调动学习的积极性和主动性,从而增强晨会的实效性。

3. 针对性

晨会内容与形式的选择,要考虑本班的实际情况、学生的年龄与心理特点等,做到有针对性。班级的好人好事、闪光点,班主任要及时捕捉,及时给予表扬,树立典型,辐射带动班级工作。寒暑假之后,学生的自律意识可能淡化,加之学生素质参差不齐、班级调整等因素,班级纪律容易涣散;这时,班主任就要利用班级晨会的时机,组织全班同学学习校规、校纪和《中学生守则》等,使班级工作和学生学习尽快纳入正常轨道。班级晨会不能海阔天空,漫无边际,没有中心。一次班级晨会必须明确一个教育目标,针对一个主题内容,如热爱祖国、尊老爱幼、助人为乐、保持教室内外清洁、养成良好卫生习惯等。只有集中一点,才能深入到学生的内心。

4. 教育性

通过晨会丰富多彩的内容,可以使学生学会求知,学会交往,学会处事,学会做人。在晨会中,要注重教育性,联系班内和校内的各种现象,展开一个事例,明白一个道理。班级晨会应紧密联系时事,合理安排内容,使学生在了解社会时事的同时,受到深刻的思想政治教育、品德教育、法制教育,提高学生的认识水平,使班级晨会成为培养良好道德素质的阵地。

5. 主体性

班级的各项活动,都要注意培养学生的主体精神,晨会当然也不例外。每一次晨会,班主任只是当"参谋",学生是主人。班主任只为学生出点子,指路子,提建议;而整个活动,则放手让学生自己组织,充分发挥学生的主体作用。比如,可以让全班同学轮流担任班级晨会的主持人。主持词的撰写、晨会每个环节的安排、黑板的布置、学生积极性的调动,都

由主持人来做,班主任只当"配角"。这样,在潜移默化中,学生的组织能力提高了,自主意识加强了。

三、班级晨会设计的思路

每一次班级晨会都应该有明确的主题,有一个"切入点",这样才能使晨会具体、实在,收到明显的效果。晨会的设计思路可以从多角度切入:

1. 从社会热点中撷取

当前经济建设迅猛发展,市场经济冲击着人们的思想,新事物、新观念不断涌现,在多元的价值观面前,学生的思想也异常活跃,有时还会出现摇摆与混乱。社会热门话题都会对学生发生或积极或消极的影响。晨会应敏锐"跟踪"社会思潮和各种文化现象在学生中的影响,指导学生过滤、筛选社会信息,吸收积极因素,抵制不良影响。晨会应及时抓住学生时下热议的问题,切实给予指导与点拨。

2. 从人类面临的共同的重大问题中选取

如环境问题、人口问题、生态问题,引导学生关心全球问题,开展"保护家乡环境保护"、"人与自然环境、生态状况"、"我们生活的地球"、"未来的人口"、"水资源忧思"等主题教育活动。

3. 从学生的日常行为表现中捕捉

晨会对学生的日常行为具有监督、矫正的功能。对班级的好事义举,要多多表扬,树立道德楷模、学习模范,引导学生向上、向善,明辨是非与美丑,克服自身弱点,做人生的强者。

4. 满足学生的兴趣爱好

晨会是学生的"乐园",是启迪智慧的"宫殿",也是表现才能的"舞台"。可以搞这样一些主题活动,如我来露一手、评选班级之最、即兴谱曲、为古诗配画等。

5. 从各科教学中寻找

上课是学校生活的主阵地,学生的喜怒哀乐很多都是在学习过程中发生的。晨会要帮助学生爱学,想学,会学,可以从各科学习中找到许多生动活泼的主题,进行学习经验交流活动。

四、班级晨会的形式

班级晨会的形式可谓多种多样,不拘一格。

1. 新闻发布会。晨会课,让学生走上讲台,把自己了解的时事新闻简短地介绍给同学们。通过让学生课前记新闻、写新闻,课中说新闻、展新闻,课后议新闻、悟新闻,培养学生从小看新闻、关心国家大事的良好习惯。召开新闻发布会,引导学生关注生活、关注国家大事,在拓宽学生知识面的同时,潜移默化地激发学生爱祖国、爱家乡的高尚情感。

2. 辑编名言。让学生在课外收集名人名言、谚语警句、好词佳句等,然后在晨会课上进行交流。与此同时,还要留出一定时间要求学生背诵一条或几条名人名言、谚语警句、好词佳句,不断提高学生的理解力、记忆力和表达能力。

3. 故事大观园。学生喜爱听故事,也爱讲故事。根据学生的身心发展特点,可以围绕教育重点、专题,引导学生搜集相关的故事讲一讲。让学生通过课外阅读,把自己所掌握的寓言故事、童话故事、成语故事、神话故事、名人故事、民间故事等,向同学介绍,还可以穿插古诗词赏析。

4. 生活百事通。让学生每次围绕一个小主题进行,着重从天文、地理、历史等方面知识,通过直接介绍、你问我答等方式开展。课堂成了知识的万花筒,一个个有趣的小知识,提高了学生生活和生存的技能、本领,把卫生、健康、安全等教育内容渗透其中,学生真正成为了"生活百事通"。

5. 实话焦点。孩子的世界很精彩,孩子对世界有独特感受,他们会从

自己的生活经验出发去评价事件、评价人物。可以组织学生留意校园、班级生活，然后选取典型事例让学生展开讨论。如抄作业是一个普遍存在的现象，以"你怎样看抄袭作业现象"为主题，要求学生大胆发言，实话实说，你是否抄过别人的作业，当时你是怎样想的。勇敢地抛出自己的观点，真诚地敞开心扉，平心静气地交流与争论，明辨真、善、美，达到有效地引导学生行为的目的。

6. 演讲比赛。电视中经常有某大学与某大学的演讲大赛，来自不同学校的选手旁征博引，唇枪舌剑，向广大观众展示了敏捷的思维、不凡的口才。可以迁移运用这一形式，启发学生能否采用演讲的方式，为晨会课的形式增添一点色彩，如以"过生日，该不该请同学吃饭"为主题。由于这一问题与学生的思想、生活实际联系非常密切，有的学生经常遇到这样的问题，于是让他们各抒己见，展开辩论。这样，在演讲过程中加深了学生对问题的理解，使教育真正落到了实处。

五、班级晨会的作用

班级晨会是课程计划中明确规定的十分钟教育课程，作为常规的德育教育活动，它是进行德育教育的重要途径。短小而内容充实的晨会，是学生们丰富的精神食粮、成长的有力帮手、起航的风帆。

1. 晨会是培养学生良好行为习惯的场所。一些学生由于缺少生活的磨炼和严格的训练，往往有一些不好的行为习惯，影响了学业的进步和品行的提升。人们都说，好的行为习惯能让人受益终身；可是如何让学生养成良好的行为习惯，却是个让班主任头疼的事。一次次苦口婆心的长篇大论的说教，常常收效甚微。行为习惯的养成，不是硬性的强制所能奏效的，而是春风化雨般的潜移默化。成功的班级晨会，就能够达到这样的效果。比如，有的同学平日里不懂得节约用水，校园里浪费水的现象比较严重。针对这一现象，班主任可以结合"世界爱水日"，召开"节约用水，从我做起"的班级晨会。为了开好晨会,同学们纷纷查阅资料,了解到我国是个缺水的国家,人均水量仅为世界平均数的1/4,认识到"节约用水是每个公民的责任"。同学们在晨会上,展示了一首首节水的歌谣和宣传广告,如"清清水,欢乐流;节约行动齐动手,洗完手后关龙头,不让清水白白流。""珍惜一滴水,留住一片绿。"同学们纷纷走上台,介绍自己节约用水的心得,你一言,我一语,十分精彩。短短十分钟的晨会,同学们真正了解了水的重要性,知道了许多节约用水的妙招。从此以后,校园里浪费水的现象在不知不觉中少了很多。好的晨会就是能够创设一种真实的情境,调动学生们的生活体验,用喜闻乐见的方式去感染学生,引起内心深处的共鸣,从而能够真正认识到问题的所在,主动、积极地改正错误,与好习惯"结伴而行"。

2. 晨会是心灵沟通的驿站。受社会外部环境,以及升入初中之后学生的思想渐趋成熟、复杂的影响,班级各方面的情况也显得错综、多变,很多问题并不是通过一两次演讲、说几个笑话就能解决的。为了达到更好的教育效果,内容灵活多变的晨会,可以起到心灵沟通的作用。班里的小王,平时为人老实忠厚,学习成绩很好,却常常被邻班一个同学欺辱。久而久之,他不堪欺凌,就找了几个社会小青年在校门口截住那个学生,将其一阵痛打。教务处责令小王在全校大会上做检查,还给了留校察看一学期的处分。班里的一些同学为他鸣不平。班主任抓住这个机会,启发一名轮值主持人:把晨会开成一次开诚布公的对话。这位同学对小王说:"你性格内向,心地善良,从没和同学发生过口角,在学习上又是我们大家的榜样,为什么突然犯了这么一个大错误?你有委屈为什么不和老师说,为什么不和同学说呢?你应该相信学校、老师能够帮助你解决问题,可为什么偏偏采取如此下策呢?"通过这次对话活动,小王很后悔自己的鲁莽,不仅自己背了处分不说,还给班级抹了黑。此后的几天里,又有几个同学

采用多种形式谈了"有了心里话找谁说"、"同学之间如何相处"、"遇到校园暴力怎么办"等问题。不仅使犯错误的同学受到深刻教育,也给全班同学敲响了警钟。沟通是温暖心灵的阳光。通过晨会进行心灵沟通,是班主任解决矛盾的金钥匙。

3. 晨会是进行爱国主义教育的阵地。利用晨会课,把爱国主义情感教育寓于各种活动之中,让学生潜移默化地受到爱国主义情感教育。可以用祖国悠久的历史、灿烂的文化,进行爱国主义情感教育;可以用英雄人物进行爱国主义情感教育;可以用重大事件的思想性进行爱国主义情感教育;也可以用祖国的变化进行爱国主义情感教育。晨会课中的爱国主义情感教育,应该把古代、近代和现代结合起来,抓住一切机会开展活动,做到生动、形象、灵活。

4. 班级晨会是塑造学生健全人格的平台。按照美国管理学家彼得的"木桶理论"(也叫作"短板理论"),人的各方面素质往往并非均衡发展,有强项也有弱项,有优势也有劣势,而劣势因素往往决定着人的整体发展水平。中学阶段是学生全方位素质发展的重要时期。在这一阶段,学生的可塑性很强,能否准确发现学生的"短板",并努力帮助其提升,是每一个班主任的重要责任。利用晨会做这方面的尝试,是一个有益的方法。但是,每个学生都有极强的自尊心,容不得别人说自己的"短处",更何况是当众揭短呢。可是一味表扬长处,不利于学生健全人格的养成。怎样使学生能当众暴露自己的"短板",并乐意接受大家的帮助,是提升"短板"、塑造健全人格的关键。班主任首先要向同学们讲清:金无足赤,人无完人,每个人都有自己的"短板","晒"出来,让大家一起帮你克服、提升,使你各方面的能力全面提高,将来走上社会就能更好地适应各种挑战。班集体好比一个大家庭,家里的人都会互相关爱,今天在家里"出丑",是为了明天出去不再"出丑"。

六、班级晨会的注意事项

（1）他保证晨会的时间，做到专时专用。除周一用20分钟的时间举行升旗仪式外，其他内容每天安排10分钟。原则上升旗仪式、专题讲话或少先队广播、行为训练、一事一议、信息交流、双周小结各占一次晨会时间。如低年级，增加行为训练时间，可减少一事一议活动的时间或不安排一事一议活动。

（2）加强计划性，克服随意性。搞好备课，要选择教育意义较强的典型事例，结合学校及学生实际，精心设计，精心组织。与此同时，注意捕捉教育时机。做好计划调整，增添新内容，使晨会内容不断更新，富有活力。

（3）晨会要以学生活动的方式来组织。充分体现学生的积极性、主动性，培养学生自我教育的能力。内容的选择、活动的组织，除低年级由教师主要负责外，其他年级一律由学生负责，教师起指导作用。不能进行课堂灌输，使学生被动接受。

（4）注意晨会与思想品德课、班队活动、社会实践活动、传统教育活动的结合，校内与校外的紧密结合。

（5）搞好总结评比表彰，树立典型。组织评选最佳升旗仪式、最佳广播员、最佳议题、最佳信息、行为训练示范员等，促进晨会质量的提高。

【相关案例】

"文明用餐，节约粮食"晨会纪实

10月7日，一个普通的星期二，一周一次的集体晨会又准时开始。本期集体晨会的主题是："文明用餐，节约粮食"。这个老生常谈的话题对学生来说也许缺乏新意，但短短10分钟晨会结束后，全校1000多名学生对自己平日里浪费粮食的举动惭愧不已，并从内心深处意识到了节约粮食的重要性。

晨会开始，主持人先总结了上周有关午间用餐的调查情况，对全校同学的用餐纪律、餐具运送等方面的进步做了表扬，随后着重指出存在的一个突出问题——浪费粮食的现象特别严重，并带领全校师生观看了事先在食堂拍摄到的一组照片，介绍了学校每日午餐的制作过程。

照片上显示：清晨4:30，窗外漆黑，食堂却已灯火通明，师傅们正忙着淘米。他们每天要淘米400多斤，相当于一个3口之家一年的数量。学生的眼球一下子就被吸引住了。

接着，一张张照片呈现出食堂师傅们忙碌的身影，有的正在仔细地拣菜，有的正在忙着切菜，还有的正在清洗……通过照片，同学们明显感受到了忙碌紧张的氛围，一个个看得入了神。主持人结合照片介绍了昨日用餐的一组数据：西葫芦420斤，虾130斤，鸡丁200斤，胡萝卜100斤，豆腐干50斤；共有1000多位学生和100多位老师用餐。这时，惊讶写在了学生的脸上。

再接下来的照片显示的是热气腾腾的烹饪镜头。师傅们在大得惊人的铁锅边，拿着难得一见的铲子，费力地上下翻铲。教室里安静极了。这时，最令人难忘的一组镜头出现了：首先是一条长龙似的队伍从食堂出发，有的两手各拉1辆车，有的杂技似的两手端3个菜盆，有的提着装得满满的汤桶。其中，把饭菜送上二楼、三楼的镜头最震撼人心。照片上，几位师傅弯着腰背，像挑山工那样，行走在级级楼梯上。沉重的步伐、涨红的脸颊，透过照片，向学生诉说着这份运送午餐工作的艰辛和不易。

介绍完照片，主持人没有一一提出有关节约的要求，只是轻轻地问道："同学们，我们每日的午餐，不知凝聚着多少人的辛勤劳动！每一口饭，浸润着食堂师傅、老师、学校对我们的关爱！难道我们还忍心把我们的午餐随意浪费吗？"

教室里，学生们仍紧盯着照片出神。

【案例点评】

德育应该从细节入手，"文明用餐，节约粮食"晨会，就是实施细节教育的实例。一张张实景拍摄的照片，展现了食堂师傅辛勤忙碌的情境。

"感人心者莫先乎于情"。从细节入手，通过"动之以情"的讲解，情到深处，才能形成真认知，作出真行为，形成真品质，最终养成真道德。

第三节　午间活动的策划与组织

午间活动是指每天学生午餐之后到下午第一节课上课之间的这段时间内，学生在老师的指导下，有目的、有过程地开展的各项活动。根据课间活动安排的特点，午间活动是学生在校期间自由活动时间最长的一段时间。在这段时间里，如果让学生们无组织、无纪律地任意活动，往往会出现四处奔跑、吵闹的现象，还可能引发许多安全事故。所以，科学地研究这段期间的学生活动，精心设计午间活动，对激发学生的学习兴趣，拓展视野，陶冶情操，培养能力，促进健康发展，有着深刻的影响。创造性地设计午间活动，是现代班主任的重要工作之一。

一、开展午间活动的重要性

设计并开展丰富多彩的午间活动，能更好地引导学生参与活动，能让学生感受集体生活的快乐，在活动中学会遵守规范，学会合作，学会处理各种问题。

1. 有助于学生个体生命的健康成长

"活动是孩子的天性。"这句话包含着这样的意思：如果不尊重孩子的天性，就会限制孩子的发展。各种愉快的游戏能让孩子的心情得到放松，几乎所有的孩子记忆中最快乐的事，都是游戏。在游戏的过程中，孩子的身体得到锻炼，大脑得到更好的休息，这样下午上课就又能精神抖

撅了。因此，帮助学生设计形式多样的午间活动，能让他们在学校的生活更加丰富多彩，也能让他们更好地提高学习效率。

2. 有助于提高学生的认识能力

在当前的学校教育中，大多靠书本或老师的讲授来获取知识，但是，越来越多的教师已经意识到活动对学生开阔视野、获取知识，有着无法比拟的力量。孩子们天性喜欢玩耍，如果教师能让学生学习像玩一样，能在玩中无意识地学习到各种知识，能让学生在玩中发现并学习同伴的优点，学会怎样与人交往，学会让大家喜欢自己，那么这位教师就是一名优秀的教师。班主任应该通过午间活动，为学生提供活动的平台。学生们为了更好地参与活动，必定会利用活动为他们提供的各种信息，多去看，多去听，多去想，多去做，多分析，多判断。这一系列的实践，已经提升为学生们新的知识，使活动内容"内化"，学生的认识能力也提高了，新的认识成了学生知识结构的新的补充，打牢了学生今后认识活动的基础。

3. 有助于提高学生的实践能力

学生参加午间活动，不仅要看，要听，要想，更要去说，去做。一场球赛，一次演讲，都需要学生身体力行，亲自参与到活动中去。学生的实践能力是在活动中不断积累的，即使失败的经验，也非常宝贵，最起码他们知道这样做是错的，可以作为以后活动的借鉴。

4. 有助于引导学生学会"做人"

成功的教育不在于能传授多少知识，而是在于能教会学生学习的方法，培养学生坚强的毅力，教会学生学会如何与别人交往。如何"做人"已经成为教育中一个重要的部分。"做人"的道理仅靠课堂来讲授，是远远不够的，更重要的是让学生在生活中去做。午间活动就是为学生如何"做人"提供了平台。在活动中，学生必然要学会用语言、动作等和别人交流;参与不同的活动,就要面对不同的人,就必须与不同的人打交道。在活动中,必然会遇到各种各样的问题,都要靠自己来解决。这一系列的活动过程,让学生们明白诚信、坚持的重要性;学会团结合作,相互帮助,参与良性竞争。在互动中,明白如何用道德规范去处理自己与他人、自己与集体的关系。在课堂上习得的道德认识、道德判断,在这样的活动中还会获得新的提升。

二、午间活动的设计原则

午间活动应本着一定的目标,活动的形式安排和设计,都要以学生为主体,避免游戏"成人化"。要坚持让学生主动发展,千方百计地让学生动起来,发展他们的创造力;坚持发展学生个性特长,在活动中必须尊重学生的人格和权利,使学生能在活动中形成主体性和创造性,并在活动中表现出来。在内容和形式的安排上,既要有个性又要有共性,让学生根据爱好选择。

因此,在午间活动的设计与开展过程中,班主任一定要遵循以下原则。

1. 午间活动的主角应该是学生

在设计与开展午间活动的过程中,班主任要首先认识到学生是活动的主角,不要包办代替,要明确班主任或指导教师只是在活动中起指导和引领作用。在活动中,要更多地尊重学生的意见,充分调动学生参与活动的积极性,为学生活动的开展,提供技术支持、物质帮助以及价值观导向的引领。让学生乐于参与、有序参与,在活动中享受快乐,积累知识,锻炼身体。这一切都是以学生主动参与为前提的。

2. 午间活动的形式应该是快乐有趣的

要想让学生主动参与,就要使午间活动符合学生的心理特点,不断变换形式。形式要生动活泼,使学生喜欢,乐于参与,真正把"要我参

35

与"变成"我要参与",积极调动学生的积极性,激发学生的活动热情,达到寓教于乐、趣中求新的目的。

3. 午间活动的指导应该是连续不断的

班主任应该明确午间活动对学生的重要性,坚持不懈地开展,让午间活动在学生中持之以恒。在午间活动中,班主任应该时时关注,及时发现学生在活动中出现的问题,及时加以指导。不要以为几次辅导,学生就能有序地开展活动了,班主任的指导任务就结束了,就听之任之了。放任自流的活动不可能收到很好的效果。班主任应该时刻关注活动的变化和学生的变化,相机引导学生做相应的调整、改进,引领活动的正确方向。

三、午间活动的实施步骤

要让午间活动发挥最大的价值,就要求班主任从活动的全过程着眼,关注每一个细节,认真落实好每一个环节。

1. 师生交流,选择主题

要让午间活动开展得有意义,选择合适的主题是第一步。主题选得好,必然深得学生的心;主题选得不好,活动就不能顺利开展。在选择活动主题时,要注意以下几点:

(1)了解学生对活动的需要

学生的需要包括学生喜爱的需要和学生自身发展的需要。到底应该开展什么样式的午间活动,在活动之前,班主任就应该到学生中去,和学生个别交流,召开班干部会议,通过各种形式了解学生的活动需要,并结合学生身心发展规律进行指导,和学生一起确定活动主题。

(2)考虑大环境活动的需要

班级活动应该与学校活动、社会活动相结合,如学校将举行运动会,那么近期的午间活动,可以安排学生组建一些体育锻炼的活动小组;如学校将举行文艺汇演,那么午间活动就可以组建一些文艺小组。学校活动、社会活动都是学生的大舞台，要想让学生更自信更出色地站在每一个舞台上，充分展示自我，就应该让午间活动高效率地发挥作用。

2. 让兴趣相投者形成活动小组

确定小组活动内容之后，学生可以根据个人意愿，自由选择参加相应的活动小组。兴趣相投的学生组成小组，因为兴趣一致，心会更齐，更有探索欲望，能相互影响，相互启发，加强探索意志。

3. 商量讨论，制订方案

主题确定之后，班主任应帮助各活动小组共同制订活动方案。

活动方案一般包括这样的内容：活动的内容和目的，活动的人员，活动的时间和地点，活动的基本方式，活动的准备工作，活动的规则，活动总结等。

活动方案应该由小组民主选举出的小组长书面完成，小组各成员需要明确分工，相互帮助，相互提醒。

4. 团结协作，开展活动

在活动开展的过程中，班主任需要时时关心，了解各小组的活动情况，及时给予"智力援助"或"友情提醒"。如在午间活动过程中，会出现兴趣时间坚持不长，因为困难而退缩放弃，或因为外界富有更强吸引力或一些干扰，分散了学生对本小组活动的注意力。这时，班主任应给予一定的暗示，但应少一点直接干预。班主任尽量不要直接批评，而是要依照活动方案，提醒注意力分散的学生，促使其注意力的集中和稳定。

5. 事后反思，认真总结

活动总结往往会被遗忘，其实，这一环节很重要。因为，午间活动具有一定的持久性和连续性。该阶段活动搞得怎样？学生的收获有多大？有什么经验？不足点又是什么？这一切都得通过学生自身总结反思才能弄清楚。好的总结既是一个句号，又是一个新的开始，它可以引导学生更有

效地开展今后的午间活动。

总结的方式多种多样。可以是师生聊天时的漫谈,可以是小组内的自评、小组之间的互评或全班交流,可以写成书面稿件,可以做总结发言,或开展主题班会,还可以做一期专题板报,等等。

设计和组织学生午间活动,应该实实在在地确立"学生立场",视学生为具有主动发展意识和能力的生命个体。要了解每个年龄阶段学生的心理特点与成长需求,了解每个学生不同的个性和需求,然后根据他们的需求来确定活动目标,设计并选择适合学生的活动内容和形式。这样,午间活动才能真正成为促进学生健康成长的快乐天地。

【相关案例】

武原中学"午间文化活动"丰富多彩

为了营造健康、文明的课间活动氛围,以"构建和谐校园,体验文化魅力"为主题,进一步提升校园文化品位为活动目的,武原中学在实行阳光体育活动的同时,本学期为了更好落实"体育、艺术2+1项目"的实施,又精心组织开展"午间文化活动"。

午间文化活动具体内容有:书香润校园活动,歌声满校园活动,社团溢校园活动,乐学衬校园活动。各班依据学校统一要求,制订相应切实可行的活动安排,利用午间开展"班班有歌声"、"音乐欣赏"、"朗诵和诵读"、"美术书法"等形式多样、内容丰富多彩的活动。

各班以培养学生阅读兴趣,养成良好学习阅读习惯为目标,充分利用现有资源,由团委牵头,由语文、英语老师指导学生分类,由学生自主安排,在午间用10分钟左右进行朗读、诵读和个人展示秀活动。周四校园之声开设"读书专栏",在课间播出2~4篇优秀文摘片段或学生习作等,开展"读书交流"

等丰富多彩的活动。学校也以活跃思想、陶冶情操、促进求知、培养特长为目标，由劳艺组牵头，提供一些推荐校园曲目，全员参唱，班级文艺委员负责，值日老师督导，让歌声充满校园。同时也发挥书画社、艺术团等社团的作用，在每周一、五由班委组织，开展临帖硬笔钢笔书法、英语书法、绘画（劳技）等活动，让学生得到展示和训练，不断提高学生书写能力和水平，每周上交作品，定期进行优秀作品展。学校还依托"让每个学生都能充满自信"的办学理念，各班级利用午间穿插组织学习和交流一些各学科的学习计划、方法、总结和学习经验介绍，让学生掌握良好学习方法，学会学习，让学生在成功中体验，在体验中收获。

由于建立有效的考评机制，这些活动得到老师和同学的积极响应，同时也培养了学生健康、乐观的生活情趣，促进素质教育再上新台阶。

东港市柳林中学开展午间开放课堂活动

为丰富学生校园文化生活，促进学生快乐活泼学习，东港市柳林中学根据规范办学行为相关要求，结合本校大部分学生午间在校就餐、午休时间长的实际情况，积极开展"午间开放课堂活动"，受到广大师生及家长的热烈欢迎。

根据学生需要，学校在午休时间向学生开放了阅览室、美术、书法教室、网络查阅室及多媒体教室（观看教育、娱乐影片），并开设了丰富多彩的场地体育活动：跳长短绳、踢毽子、篮排球、打布袋、跳皮筋、羽毛球、乒乓球及其他健身活动。向学生开放的各室都有专门教师负责组织、指导，室内外体育活动都在操场上指定的区域内活动，班主任负责组织或参与，检查活动质量，监督安全。为了使活动更加有序和避免学生兴趣偏差单一，活动采取转轮盘和自愿选择相结合方式。轮盘上设有各个开放课堂和场地活动项目，每天班级轮

转一格,对照项目开展活动,活动情况由负责教师做好详细记录。"午间开放课堂活动"使学生收获颇丰:阅览室的开放,拓展了学生的阅读面,开阔了视野,促进了良好阅读习惯的养成;美术书法教室的开放,为学生开辟了展示自我、培养特长的空间;间周一次教育影片观看,大大愉悦了学生身心,达到了思想教育目的;各项体育活动的开展,则在校内营造了人人健身、处处强体的运动氛围,提高了广大师生参与健身的意识和融入校园生活的热情,促进了学校教育教学工作的和谐发展。

金阳外国语实验中学开展"享受午间"活动

为了开拓学生视野,提高文化品位,同时解决家长们的负担,金阳外国语实验中学根据学校特色及学生需要,在创新社会管理及服务模式上积极探索,开展了"享受午间"活动。

每天中午12:50~13:50,该校陆续开展了英文歌曲欣赏、英语小短文阅读、中英文书法练习、名著欣赏(或听名著、或读名著、或看名著)、国际国内新闻时事半月谈等活动。在这一个小时内,学生们或听或学唱英文歌曲,在优美的音乐声中,学生身心得以放松;在阅读时间、练字时间,舒缓的轻音乐弥散在教室内,既提高了学生的阅读书写能力,又给学生以美的熏陶。学校还根据班级不同,组织观看《大国的崛起》、《商界》、《于丹谈〈论语〉》等电视片,拓展学生的眼界和思维,培养学生高雅的精神追求。

活动的开展,受到了家长和学生们的欢迎。学生们说:"我在歌词中认识的单词更多了!我的英语口语越来越好了!""我也会用英文唱歌了!一到歌曲欣赏,我就有放声歌唱的冲动呢!""在音乐声中,我的字都练得好多了,精神又可以得到放松,真是一举两得!""原来的我,井底之蛙,现在我知道外面的世界很精彩,时事新闻让我大开眼界!""丰富的历史知识让我的'目光'深

邃了!"" '享受午间'活动让我真的很享受。" ……家长也纷纷表示赞同,致
电校领导表达他们对学校活动的感谢、支持。

【案例点评】

上面的三个案例,内容各不相同,但是它们的主旨都是明确的:午间
活动是学生自己的活动,讲究活动的自主性,一切从学生的实际出发,从
学生的兴趣和爱好出发,极大地满足不同学生的要求和需要,使他们的
身心放松、愉快,使他们得到陶冶,获得知识,增加对课堂学习的兴趣。
总之,一切为了学生,让学生自主选择活动项目,开阔视野,受到锻炼,得
到提高。

第三章　中学班级主题教育活动

　　班级主题教育活动是指在班主任具体组织和指导下，围绕某一特定主题对学生进行集体性思想、道德品质教育的一种重要活动。它具有学生喜闻乐见的形式，也是学生自己教育自己的一种有效方式，是学校德育工作的主要渠道，它在班集体建设中具有举足较重的作用。

　　主题教育活动是一门拨动学生心弦的教育艺术，是老师与学生之间进行沟通和交流的有效载体。作为班主任，应该认真组织好每一次主题活动，真正做到为每位学生的发展而努力。

第一节　班集体建设主题教育活动的策划与组织

　　班集体作为学生成长过程中一个至关重要的组织形式，对老师的教学以及学生的发展起着举足轻重的作用。它既是学校教育的目的和对象，又是教育的力量和手段。一个良好的班集体，是学生健康成长的摇篮：学生优秀的品质在其中培养，学习的能力在其中锻炼，健全的人格在其中塑造，和谐的人际关系在其中发展。

　　作为学校教育工作的基本单位，班集体有它的基本特征、建设原则和主要活动内容。

一、班集体的基本特征

(1)学生处于相同的年龄阶段,由学校编排管理进入不同班级。

(2)有共同的学习目标,并为这一目标而有组织有计划地共同活动。

(3)有严格的纪律和各种规章制度,保证该组织正常的运转和发展。

(4)有健全的领导机构和一定数量的班干部队伍。

(5)有良好的班风和利于学生发展的各种集体活动。

二、班集体建设的重要原则

班集体建设必须遵循一定的原则和要求。既要使其服从于学校和班级发展的目标,又要符合学生的身心健康发展规律。要在实践中不断检验和完善各种方法途径。中学班集体建设的原则大致有以下五条。

1. 教师为主导、学生为主体原则

班集体的建设离不开教师的悉心指导,但更需要学生的积极参与。班集体建设的关键在于班级成员以班级主人的身份积极参与班集体的建设。因此,教师不仅要悉心培养班干部的主动意识,指导他们承担起班级管理的重任,同时要尽量帮助其他学生在班集体中找到自己合适的位置和角色,并承担起相应角色所应承担的责任。

2. 活动育人为主原则

活动是班集体的生命线,也是集体形成和发展的推动力。班集体组织的丰富多彩的活动,为学生提供了频繁交往的机会和施展才能的舞台,使他们通过多种渠道与班内外、校内外各种类型、各种层次的人物广泛接触,从而锻炼适应社会要求的应变交往能力。

3. 各种教育影响一致原则

各种教育影响相一致原则,一方面强调了以班主任为首的教师集体

是班集体建设必不可少的外因和前提,另一方面揭示了在班集体建设的过程中,要充分发挥各种教育,包括学校、家庭和社会教育的协同作用,排除消极的教育因素,使各种教育影响形成合力。

4. 集体主义方向性原则

班集体首先是一个集体,不是个人。因此,班级管理和处理班级中的问题,首先要从集体主义的方向考虑,即促进整个班集体中每个人都充分发展是班集体建设的主要目标。

5. 班集体建设与学生个性培养相统一原则

班集体建设的最终目的是全面地发展学生的个性,为培养各种类型的社会主义现代化建设人才和提高整个中华民族的素质打好基础。个性发展的重要条件是有一个良好的班集体,而个性的发展又为集体的发展创造着有利条件。在班集体建设的过程中要把两者统一起来,在发展成员个性时,同样要重视集体目标、规范等基本因素。

三、班集体建设的主要内容

人生活在社会中,离不开与别人交往,当这种"交往中的人"合起来时,就成为一个有组织的整体,这就叫集体。班集体作为学生直接生活的集体,它的组织和培养对教育学生有至关重要的影响。儿童过集体生活愈早,他长大后成为全心全意献身于大众事业的真正的人的可能性也越大。下面就如何建设班集体谈几点认识。

(一)集体概念的形成

作为一个班主任,在接班后首先考虑的就是怎样充分利用各种条件,在尽可能短的时间里卓有成效地形成良好的班集体。学生可能来自各个地方学校,彼此陌生,要形成集体就必须在学生头脑中确立集体的概念。开学初,班主任必须紧紧抓住时机,充分利用上述条件发动学生积极为集体做好事,让学生逐步对"集体"这个概念建立初步印象。

其方法是：抓住点滴好人好事加以表扬，并把这些行为同维护集体利益紧紧联系在一起。某位老师曾表扬了一个自己掏钱为班级买宣传画的学生，也曾对个别破坏课堂纪律的学生，从损害集体利益的角度分析并给予批评。由于事例抓得典型，分析又与集体紧密结合，使学生意识到集体是由个人组成的，作为班集体的一员，每个人的言行都将对集体产生影响，让他们充分认识到集体中个人言行的价值。为了进一步加深学生对集体的印象，班主任要发动任课老师和班干部，做到每讲一件事，每总结一样工作都和集体联系起来。还要加强学生对集体的责任感，班主任可给每个学生分配一点工作，每人一职，并引导学生从集体利益去考虑集体的工作，提出有利于集体的建议。在教师的鼓励和引导下，他们会提出很多很多的意见，对于学生的意见、建议，班主任要慎重地处理，使他们时刻感到自己不是这个集体的客人，而是主人，要以主人翁的态度对待集体。在为集体的服务中，增强集体观点，在为集体添荣誉中更关心和热爱集体。班主任还要让学生自己议论并解决班上发生的事情，形成正确的舆论导向和敢于对破坏集体利益言行作斗争的风气，使学生处于集体的约束中，以此建立起集体的威信。

（二）培养美好的情感

集体是由一个个的人组成的，一个良好集体的建立依赖人与人之间的美好情感。它具体表现在集体成员彼此的友爱、团结、同情、帮助、诚挚、尊敬等方面。所以，在组织班级集体的过程中，必须注意培养学生高尚的道德和美好的情感。教师应着力对学生进行团结友爱教育，既讲伟大人物之间的友谊，也讲发生在自己班级里的一桩桩互相关心、互相帮助的生动事例。如某一女生半夜得病昏迷，同宿舍同学不顾寒冷和路途遥远，主动送她上医院，并陪伴一宿。又如一次班级晚会结束后，几个男生主动充当卫士，自觉送女生回家。再如教室门窗坏了，有人默默给补上

等等。这些在学生头脑中构成了一幅团结友爱的图画，陶冶了他们的性格，让他们产生对别人的美好感情。班主任还可以通过文明礼貌教育，着重培养学生人格，使他们懂得彼此需要尊重，要使集体中的每一成员都能有文明行为、文雅语言、友好的态度、宽容的心胸，彼此就要友好相处，真诚相见。

（三）选好带头人

在一个班集体中，必须有部分热爱集体工作、有较强工作能力、自身素质较好、在集体中有一定威信和影响力的带头人，形成集体核心，并通过他们团结和带动其他集体成员，沟通信息，协调工作，开展集体活动。因此，选拔培养好班干部，使之形成坚强的集体核心，是班集体建设的一件大事。首先，要认真选拔。要通过集体活动和其他实践活动来发现和选拔干部。只有那些在实际活动中表现出良好品质和出众的人才能得到群众的认可，才可能被拥为"龙头"。其次，教育班干部要努力提高自身素质，懂得以身作则，严于律己，才能取得同学信任，才具有号召力。教育他们要密切联系同学，平等待人，懂得只有和群众打成一片，才能获得群众的拥戴。这样，干部才可能在集体中占据核心地位，保证班集体的良性发展。再次，是放手使用和锻炼。要信任干部，放手使用，支持他们的工作，维护他们的威信，并给予具体指导。如，我常让干部当着我的面总结情况，使学生们清醒意识到班主任工作不是孤立的，他有许多非常有力的支持者。同时，也提高了干部的威信，有力地显示干部的核心作用。我在学生面前对班干部表示了极大信任，是班干部搞好工作的关键之所在。最后，让集体中的每个成员都有参加管理，为集体效劳的机会。特别要善于发现和培养群体中新的积极分子和骨干力量。在一个班集体里，可以成为班干部的积极分子越多，集体的自我教育作用就越大，这个集体的发展水平就越高。

（四）发挥学生的个性

一个缺乏朝气和特长的班集体，必然是死气沉沉，缺乏生机与活力，连集体活动也难以开展。集体成员如果整天唯唯诺诺，唯命是从，缺乏主见，缺少个性，那么这个集体就缺乏战斗力。从这一意义上说，班集体建设的工作重心乃在于如何为每个成员的兴趣、爱好、特长的形成和发展开辟广阔的天地，让每个成员都能够充分显示其天资、才能和个性。在培养学生集体主义精神的同时，也注意培养学生积极的个性。根据他们的爱好，发展他们的兴趣。对于有特长的学生，尽可能为他们创造条件，使他们的特长得以发展，并为集体服务。

四、班集体建设的基本途径

班集体发展的客观规律告诉我们：班集体是在师生共同活动和交往中形成、发展的。活动是集体和学生个体相互作用、协调发展的中介。因而，共同活动是班集体建设的基本途径。根据班集体共同活动的性质和活动方式，班集体建设的基本途径可以分为以下四种。

（一）在教学活动中建设班集体

教学活动是班集体最主要的共同活动方式。传统意义上的班集体建设往往把课堂教学活动排斥在外。同时，以知识、技能教学为中心的课堂教学，又忽视来自学生群体的动力和课程资源，致使班集体建设的过程和教学活动相分离。新课程实施后，教学价值观和课程观发生了质的变化。课堂教学不仅是学生的认知过程，是集体成员的社会性合作、互动分享的过程，也是集体成员情感、态度、价值观的建构过程。这就需要在教学活动中关注班级学习共同体的建设。

在课堂教学活动中建设班集体的关键是：（1）把班级学习共同体，即班集体建设作为教学活动的重要目标之一。（2）充分挖掘教学促进班集体建设的各种教育因素，如借助教材引领集体价值；创新学习活动方

式,激活集体学习氛围;平等对话,优化集体人际关系,开展班集体成员间的合作、互助、分享,等等。(3)开展集体性学习评价活动。(4)营造快乐、有序、有效的集体学习心理和文化氛围。

(二)在发展性班级管理中建设班集体

相对于传统的规范性班级管理,发展性管理不仅考虑班级管理对集体的规范功能,更关注管理对班集体和每个学生的发展功能,注重班级管理在目标、组织、制度、方式上的变革、创新。在发展性班级管理中,首先应确立以学生集体与个体和谐发展的理念,把管理作为发展手段,强调管理方式应随着学生集体和个体发展的需要不断变革;其次,强调教师对班级的管理方式应有利于发展集体的自我管理与自我教育;再次,在班集体不同发展水平和阶段中应有与之相适应的集体管理目标、规范和方式,不能一成不变;最后,教师应尊重集体意愿、运用对话、合约及集体决议等方式形成集体目标与管理规范,让集体逐步成为班级管理的主体,让每一位学生在集体管理中担任"自我满意"的角色。

总之,班级发展性管理应随班级学生集体与个体的发展而动态变革,不存在某种一成不变的最好的班级管理模式。

(三)在班本化教育活动中建设班集体

班本化教育活动是指在班级教学活动、班级管理活动之外,根据班级特点和需要开展的集体教育活动,如:主题班队会、班级特色活动、社会实践活动、集体心理辅导活动以及课外集体体育游戏活动等。由于班本化教育活动在目标、内容及形式上的多样性、丰富性,它对丰富班级集体和个体的精神生活,形成集体精神,丰富集体体验,发展每个学生的个性具有十分重要的意义。

首先,班本化教育活动应从本班级特点和发展需要出发,形成有机的活动体系,确保能有效地促进班级集体和个体的整体发展。其次,班本化教育活动应关注针对班级集体和个体发展中的关键性主题。再次，要精心设计集体教育活动，不仅要考虑活动的教育内容，还要考虑对活动结构、过程、情境和角色的设计，分析活动对集体心理和不同个体心情的影响。最后，实施中要让学生真正成为班集体活动的主体，教师在活动中要随机引导，组织集体性的自我评价，使集体活动过程成为学生的自我教育过程。

当然，班本化教育活动也不是开展得越多、越热闹越好，而应当选择开展班集体发展中必须和关键性的活动，注重集体活动的教育内涵。

（四）在随机教育中建设班集体

班集体建设过程往往不是一帆风顺和直线式的，由于种种原因，班级生活中总会发生各种随机情况，如：学生间冲突，出现不良现象、突发事件等。虽然这些情况是偶然发生的，但却是集体心理和观念的客观反映，可以成为教师深入了解集体的窗口和进行集体建设的活的课程资源。如能抓住这些契机进行随机教育，则能引导学生集体在解决问题中形成共识，提高学生解决集体问题的能力，进而使班集体得到健康发展。因此，随机教育也是班集体建设的一条重要途径。

班级中发生随机情况往往是难以预测，甚至有时是不易觉察和稍纵即逝的。教师应善于观察、分析事件背后所反映出的集体现象和问题本质，切忌就事论事、主观臆断。在开展随机教育中应注重唤醒班级成员的集体意识，尊重和引导集体在真诚对话和沟通中，共同解决问题，关键是要使集体在问题解决中得到成长。

上述班集体建设的各种途径在实践中是相互联系、相互影响的。班主任应当在促进集体和个体共同发展的主线下，整体思考和设计班集体建设的活动，力求取得最好效果。

【相关案例】

培养主体性道德人格 构建班级精神家园
——东皋中学优秀班集体建设实施方案

一、指导思想

班集体是学校实施素质教育的基本单位,是学生学习、生活、成长的精神家园,班主任是学生精神成长关怀者,是学生心灵的扶手,建设优秀班集体是班主任的首要任务,培植班主任专业精神、提升班主任专业素养、打造优秀班级教育教学管理团队、整合班级优秀教育教学资源、培养良好的班风学风、培植优秀的班级文化是我们东皋中学班主任专业精神集中体现和专业技能要求,不同地域、不同习俗、不同基础的学生要和睦相处共同发展,是基于优秀中华传统文化的熏陶和价值认同,结合我们学校的实际,我们东皋中学明确了以"弘扬传统文化、推进城乡理解、实施自主管理、实现轻负高质"为指导思想,通过培养主体性道德人格,构建班级精神家园,确保"做高度文明东中人,创高度规范班集体"创建目标的达成,为使创建工作深入扎实有效的推进,特制订《东皋中学优秀班集体创建实施方案》。

二、创建目标

(一)班集体创设目标

发展性目标:一年成型,两年创优,三年创牌。

第一年(七年级):七年级基本成型,注重规则、规范养成,班级组织机构健全,班级管理团队形成,并与班级教育教学管理团队有机整合,注重传统文化熏陶,班级稳定发展,学生孝亲尊师亲和友善文明有礼,通过校级示范班合格考核,授予校级自主管理示范班、文明礼仪示范班、自主学习示范班、自主锻炼示范班、文明就寝示范班、文明就餐示范班,达到其中三项以上班级授予校级优秀班集体。

第二年(八年级):通过各项示范班复检,形成稳固的班集体,注重班级文化、班级精神的提升,班级集体教育功能初显,有一支强有力的班级管理团队,班级实行自主管理、学生能够自主学习,会自我反思,能自我教育,全面考核全面创优,授予县级以上优秀班集体。

第三年(九年级):巩固创优成果,形成有理想、有追求、有内涵、目标明确、特色明显、师生关系和谐、积极向上、高度规范的精神统一体——优秀班集体。为学生完成学业和升学提供坚实的动力保证,把班集体建设成为学生的精神家园。

标志性成果:

1.优秀班集体创建参与率100%

2.县级优秀班集体巩固率100%

3.校级优秀班集体巩固率100%

4.校级优秀班集体建成率80%以上

5.通过县级优秀班集体评估考核率50%以上

(二)班主任专业化发展目标

发展性目标:一年成型,两年成熟,三年成才。

标志性成果:

1.校级班主任十项技能考核通过率90%以上

2.校级优秀班主任60%以上

3.县级以上优秀班主任30%以上

三、创建基本原则

1.周期性原则:三年为一个建设周期。

2.专业性原则

突出专业引领,提升班主任专业素养,打造一支高专业精神,高专业技能

的班主任队伍。注重带班实践，强化班主任10项专业技能研修，大幅提升班主任建设班集体的能力。

3. 实效性原则

班集体是学生成长共同的精神家园，是开展教育教学的重要阵地，教育来不得半点虚假，开展优秀班集体建设活动，必须坚持实事求是原则，注重实效性，创建工作务求：做实、做细、做到位、做彻底、做出成效。

4. 操作性原则

班集体的建成有其一定的规律，可操作性就是依照班集体建设规律，按部就班推行班集体建设。可操作性不排斥创造性。

5. 个性化原则

个性化是优秀班集体创建的高层次表现，或是高标准高追求，在遵循班集体建设一般规律的同时，要根据班主任自身实际与班级实际，创造性地开展优秀班集体建设，形成科学、规范、高效、特色鲜明的创建模式，形成个性化的优秀班集体。

四、实施步骤

（一）宣传发动营造氛围：2011年9月~2011年10月

1. 表彰县第四批优秀班集体，树典型营造创建氛围。

2. 组织学习传达县优秀班集体创建推进会精神要求。

3. 组织学习《武义县优秀班集体评选基本条件》和《武义县优秀班集体量化考核办法》，明确优秀班集体建设的目的和意义。

4. 确定2011年至2013年东皋中学优秀班集体创建基本目标。

（二）组织申报：2011年10月~2011年11月

1. 制订《东皋中学优秀班集体创建实施方案》。

2. 全校各班制订上交《东皋中学班级创建优秀班集体实施方案》。

3. 七年级制订上交《东皋中学创建xx示范班级》申报计划书。

（三）实施推进：2011年11月~2013年8月

五、创建措施

（一）建立健全组织机构（略）

（二）加强班主任专业化队伍建设

1. 目的意义：育好班主任 带好班集体

2. 时间：2011年9月~2013年8月

3. 方法原则：专业引领 立足校本 带班实践 反思升华

4. 内容要求：

（1）专业精神修炼

（2）班主任十项专业技能研修

①学生日常行为规范训练技能

②主题教育活动组织策划实施技能

③家校合作教育沟通技能

④班主任个案教育技能

⑤健康健体教育技能

⑥班级文化建设技能

⑦劳动、生活指导技能

⑧班级管理团队培训技能

⑨读诵唱讲舞技能

⑩网络、教育技术应用技能

（三）加强班级自主管理团队建设

1. 目的意义：教育好班干部，管好班集体

2. 日期时间：2011年9月~2013年8月 每周一岗培训。

3. 方法原则：全员参与 服务班级 两级培训 成就自我

4. 内容要求：

①班级管理团队精神提升

树立服务意识，培养主人翁精神，牢记并深刻领会《东皋中学班干部守则》的精神要求，虚心学习，认真工作，服务他人、服务班级，成就自己。

②熟练掌握学校规则规范条例的基本内容

《中学生守则》、《中小学生日常行为规范》、《东皋中学双十六条规定》、《东皋中学文明就寝规范》、《东皋中学安全管理条例》、《东皋中学文明就餐规范》、《东皋中学文明礼仪规范》、《东皋中学学生节假日守则》《东皋中学校牌佩戴规范》、《东皋中学学生常理举要》等。

③班级自主管理实施方法培训

以"五自"教育为抓手，在学生"自主发展"育人理念下，通过开展学生"自主管理"、"自主学习"、"自主生活"、"自主锻炼"、"自我教育"活动，构建以学生发展为本的学生自主管理模式，将学生推上自主教育、自主管理、自主发展的舞台。教育者通过暂时的"隐退"而凸显了学生的主体性，与此同时，教师自身也获得了自我超越与自我实现。"教是为了不教"。教育的目的，就是使学生摆脱监护，运用他们自己的智慧，在能动的活动与实践中走向自律，实现自我的自由，最终实现自我的发展。

④班级管理团队岗位管理技能指导培训——人人有事做事事有人管

班长工作技能指导：值日工作指导、一日小结、一周点评、班干部例会的组织与召开、班队活动课的组织等，值日班长工作技能指导：值日工作指南、值日本的使用、一日小结技巧、值日问题的处理与反馈等；学习委员工作技能指导：制订班级自主学习规范，指导课代表工作，生活委员工作技能、体育委员工作技能指导、卫生委员工作技能指导、寝室长工作技能指导等，每周一培训，每周一小结，不断提升班干部工作能力和自主管理水平，为优秀班集体建设奠定坚实基础。

（四）弘扬传统文化——见贤思齐 天天向善

1. 每日：践行《弟子规》。

2. 每日：修身本"日行一善、日省一过"。

3. 每周：开设国学课：细讲《弟子规》。

4. 每周：中华传统美德教育《24孝》故事与动漫。

5. 每周：文明礼仪教育与训练《常理举要》。

6. 每月：中华传统节日主题教育活动。

7. 每年：孝亲感恩主题晚会。

8. 每年：班级十佳孝亲尊师标兵、校级十佳孝亲尊师标兵评选表彰。

（五）品美文诵经典——静以修身　志趣高雅

1. 每班每日：读诵唱15分钟，班主任组织，值日班长执行。

2. 每班每日：《东皋中学励志教材》，诵经典——润物无声，《弟子规》、《三字经》、《孝经》、《论语》、《千字文》等。品美文——志向高远！50篇美文帮助学生修炼身心，培养高雅志趣。

（六）推进城乡理解——理解包容　和谐发展

1. 加强城乡理解背景下学校文化建设、班级文化建设。使不同地域、不同文化背景的外来学生与本地学生和谐相处，共同成长。

2. 通过开展"地方月"、"民族周"主题活动，加深不同地域学生间相互了解，增强民族自豪感，增进理解和友谊，为优秀班集体建设提供保障。

（七）唱好歌做好操——净化心灵　陶冶情操

1. 生生会唱三十首歌：感恩歌九首，孝亲歌六首，爱国歌七首，励志歌八首。

2. 人人会五首手语操：周二《感恩的心》，周三《跪羊图》，周四《让爱传出去》，周五《从头再来》。

（八）强身健体益心智——健体增智　成长乐园

1. 每天晨起：自主锻炼健美操、跑操动感十足。

2.每天大课间：八段锦、手语操静生智慧。

3.每天课外活动：军训式跑步，口号响亮，步伐整齐，展现班级精神风貌。

4.每周特长教育：个个有爱好，人人有特长。

【案例点评】

班集体建设是学校建设的重中之重。东皋中学从班集体创设和班主任专业化发展两个方面进行班集体建设实践。首先，确立了长期性的发展目标，并对每一阶段的目标进行了标准量化；其次，成立领导小组，明确实施步骤；再次，内容上从传统文化到经典美文再到地方特色，丰富多彩，使班级文化积极健康向上。同时，课堂与课外体育锻炼相结合，对于学生身心和谐发展有极大的促进作用。

第二节　节日、纪念日主题教育活动的策划与组织

我国是有着五千年历史的文明古国，积淀了丰厚文化，因此，党中央、国务院在2004年2月26日下发的《中共中央、国务院关于进一步加强和改进未成年人思想道德建设的若干意见》中指出：各种法定节日，传统节日，革命领袖、民族英雄、杰出名人等历史人物的诞辰和逝世纪念日，建党纪念日、红军长征、辛亥革命等重大历史事件纪念日，"九一八"、"南京大屠杀"等国耻纪念日，以及未成年人的入学、入队、入团、成人宣誓等有特殊意义的重要日子，都蕴藏着宝贵的思想道德教育资源。要抓住时机整合资源，集中开展思想道德主题宣传教育活动。

这为我们开展节庆纪念日主题教育活动提供了行动指南。正确组

织、引导学生开展节庆纪念日主题教育活动,既可以与传统的优秀文化紧密联系,弘扬民族精神,又有助于公民道德规范教育实现生活化、大众化、行动化,体现时代精神。

一、节庆纪念日活动的特点

相对于其他德育资源,节庆纪念日具有其独特性。

1. 形式简单

现在的学生不喜欢道德说教,很重要的原因是我们的德育存在理论化、抽象化的倾向,缺乏生动性,无法和学生的生活经验相结合。而节庆纪念日都是有具体的时间、有具体的事件或内容,了解起来很简单,正好可以满足教育形式简单化、生动化的要求。

2. 内涵丰富

每一个节庆纪念日都有着丰富的内涵,其中包含着爱国主义(如七一,八一,五四等)传统美德(如中秋、重阳等)、环保(如世界水日,植树节等)和珍惜生命(如世界无烟日、爱眼日等),等等。深入挖掘这些节庆纪念日的思想内涵,并辅之以有效的教育形式,可以让学生在活动中体验每一个节庆纪念日所蕴含的人文、历史、环境、人生价值和法律观念等。

二、节庆纪念日活动的类型

节庆纪念日是人类社会发展到一定阶段的产物,而节庆纪念日活动则是民风习俗的最集中体现和重要组成部分。不同类型的节庆纪念日的起源都是不同的,它的活动内容也是不断变化发展的。精心选择并开发具有教育意义的节庆纪念日教育资源,赋予其时代教育主题,组织开展贴近学生生活、贴近学生思想状况的实际的教育活动,可以有效地引导学生在活动中学习人类的传统道德,学习做人的道理,从而不断地提高自身的道德水平。

一年中的节庆纪念日很多，每一个节庆纪念日都可以组织开展各种形式的节庆纪念活动，这些活动遵循着一定的规律，大致可以分为以下几类。

1. 辞旧迎新活动

如：公历一月一日的元旦，农历正月初一的春节，还有西方的圣诞节（12月25日），都可以组织相关内容的"辞旧迎新"活动。"辞旧迎新"是对过去一年的美好回忆，也是对新一年的展望。一般以文艺活动、娱乐活动为主，所以活动筹备时间不宜过长，尽可能呈现学生真实的一种发展状态。

2. 革命传统教育

继承和发展革命传统是"学雷锋纪念日"、清明节、"中国人民抗日战争纪念日"等节庆纪念日活动的主题和目的，一般可以选择参观访问、举办历史图片展览、采访革命老人和影评征文交流等活动形式。

例如：每年3月5日前后，全国各地都要举行多种形式的学雷锋纪念活动。雷锋的生平和雷锋的精神可能对于现在的孩子来说已经比较陌生，所以在雷锋纪念日前后组织开展"雷锋叔叔来到我们中间"系列活动，可以帮助学生更好地了解雷锋生平，学习雷锋精神。活动可以分为三个层次。第一层次：指导学生搜集并阅读雷锋日记，讲雷锋故事，举办雷锋图片展，组织"学习雷锋好榜样"歌咏比赛等；第二层次：指导学生自建"雷锋小队"和"学雷锋阵地"，开展力所能及的"学雷锋，树新风"的活动；第三层次：组织评选"学雷锋之星"、"学雷锋小标兵"，用身边的典型激励学生。

3. 诞生日纪念活动

包括七一党的生日、八一建军节、十一国庆节、10月31日建队日，以及革命导师的诞辰纪念日等，这类活动以歌颂老革命家的丰功伟绩为主题，一般可以通过报告会、座谈会、故事会、歌咏会、文艺会，以及广播、板报展览等形式来开展，还可以举行营火晚会、火炬游行等。

国庆节是一年中学生在学校度过的比较重要的节日，可以组织丰富多彩的庆祝活动。国庆7天长假，许多学生会随父母外出旅游，返校后可以组织"贝壳旅行包"活动，让学生自己设计，自己担任讲解，通过图片、照片领略祖国的大好河山。另外，还可以开展"我爱我的家乡美"活动，组织学生了解家乡名胜古迹的来历、变迁、传说和故事等，然后在中队里进行汇报。有条件的话还可以访问文物管理部门和文物工作者。这些活动，既可以丰富学生的知识，扩大学生的眼界，更能增进学生热爱家乡的思想感情，同时，也可对学生进行爱护文物的教育。

4. 群众性纪念日

如：三八妇女节、五一劳动节、五四青年节、六一儿童节、9月10日教师节、九九重阳老人节等，这些庆祝活动可以与"三热爱"教育结合在一起。

当今的孩子，多数是独生子女，由于长期生活在父母的关爱中，把父母对自己所做的一切看作是理所当然的，从未想到要为父母做点什么，稍不顺心还要对父母发脾气，这对儿童健康人格的形成是不利的。因此，在三八国际妇女节时，利用节庆活动来培养学生孝敬父母的传统美德。学生孝敬父母，必须先了解自己的父母，我们可以组织学生开展下列活动。

（1）大追踪。我的妈妈一天生活纪实。以一个双休日为观察日，指导学生开展"母亲的一天"调查活动，记下母亲从起床到睡觉，都在做些什么，从而体会母亲生活与工作的辛劳。

（2）大特写。妈妈的眼睛，妈妈的声音。在学生学习了课文《穆老师的眼睛》后，指导他们仔细观察，仿照课文进行写作，看一看母亲慈爱的眼睛,听一听母亲满是爱意的声音。

（3）大演播。夸夸我的好妈妈。引导学生回忆多年来母亲对自己的养育之恩,用简洁生动的语言,把那一件件看似平凡的小事描述出来,指导学生从日常生活中去关心母亲、理解母亲,体味伟大的母爱,激发学生敬爱母亲的感情。

（4）大交流。这就是我的妈妈。指导学生用手抄报的形式,交流观察采访母亲的收获。对于班里失去母爱的学生,教师要特别给予关注,可以请他、她采访自己的外婆或奶奶,也可以由学生在父母中自由选择一位作为采访对象、避免部分学生处境难堪。

5. 民间传统节日

春节、元宵节、清明节、端午节、中秋节、重阳节等传统节日和中国的历史风俗习惯,积淀了丰富的中国传统美德,如尊老敬老、勤劳节俭等。这些传统节日的民情风俗,从各个不同的角度和侧面,反映着民族的历史风貌和社会生活,是劳动人民在人类历史发展中克服了种种艰难险阻、创造了无数光辉业绩、形成了许多优良传统和美德的真实写照,是开展节庆纪念活动的宝贵资源。

民间传统活动的设计要突出中华传统习俗,避免过于严肃和单调,突出家庭气氛。例如:农历八月十五日,是我国传统的中秋佳节。十五日夜,当一轮明月悬挂中空,人们望着玉盘般的明月,自然会想到家人"举头望明月,低头思故乡。"因而人们又把中秋节称为"团圆节"。我们可以开展中秋故事会,讲月亮的故事;也可以组织学生开展吃月饼、赏月活动;还可以指导学生自己动手做月饼,开展"一块月饼一片情"活动,用月饼寄托学生思念台湾同胞、盼望祖国统一的心情和愿望。

6. 专题教育日

包括植树节、消费者权益日、世界地球日、国际爱牙日、世界粮食日等专门性的纪念日，这些纪念日是开展专题教育的最佳时机。

3月12日为我国"植树节"。为什么规定3月12日为植树节呢？一是因为这一天是孙中山先生逝世纪念日，把这一天定为中国的植树节，用以深切怀念一贯重视并提倡植树的伟大革命先行者孙中山。二是因为从时间上考虑，3月12日前后，在中原大部分地区正是植树造林的适宜季节，全国可以由南而北循序开展绿化。植树节前后，我们可以组织学生开展"我与绿色同行"主题教育活动，以小队为单位认养一棵小树苗，设计一张植树名片，自制一块护绿广告牌，开展红领巾护绿行动。

【相关案例】

赵苑中学"我们的节日"主题活动方案

一、活动目的

传统节日凝结着中华民族的民族精神和民族情感，承载着中华民族的文化血脉和思想精华，开展好"我们的节日"主题文化活动，可以丰富中小学生节日精神文化生活，培养和树立认识传统、尊重传统、继承传统、弘扬传统的思想观念，增强对中华优秀文化传统的认同感和自豪感。

二、活动内容

围绕春节、元宵节辞旧迎新、团圆平安、孝老爱亲的主题，遵循简洁可行、就近就便、力所能及的原则，主要开展以下三项工作。

1. 创编"节日小报"

通过开展此项活动，引导学生学习节日文化、搜集节日资料、参加民俗活动，深入了解春节、元宵节的文化内涵，通过自编自创"节日小报"，展示节日收获和感悟。

具体活动安排：

活动时间	活动内容	活动说明	活动形式	活动展示
春节之前	扫尘	干干净净打扫自己的房间。	春节日记	小报
春节之前	布置房间	在家里贴上装饰性的过年饰品,例:窗花、福字等。	照片	小报
大年夜	看放爆竹	观看长辈放烟花爆竹。	春节日记	小报
大年夜	年夜饭	和家人一起开开心心吃年夜饭,给家人讲春节的来历或有关春节的古诗与传说。	上网收集有关资料春节日记	小报
大年初一	拜年	给父母长辈拜年,说祝福的话。	春节日记	小报
春节期间	写春联	了解有关常识并和父母一起尝试在红纸上写一副春联。	春联	贴春联
春节期间	做灯谜	了解即将到来的元宵节风俗,自己手工制作一个灯谜。	上网了解	灯谜展
春节期间	小报	把春节的所做所看全部记载于填空式小报里,并美化小报。	小报	小报展
元宵节	做元宵	和长辈做一次元宵,了解做法。		照片

2.参加中华经典诵读

让孩子阅读大量的中外古今美文,积累大量语言文字的精华,丰富孩子的文化素质,全面提高孩子的语文读写能力,形成语文学习开阔的知识视野。

诵读内容：

《三字经》、《弟子规》、《小学生必背古诗词160首》、《增广贤文》、《论语》、《千字文》等。

具体要求：

①围绕春节、元宵节文化内涵，开展早晚吟诵诗文活动。每天早上用十五到二十分钟时间读一些关于春节、元宵节的诗词；

②利用走亲串友的机会及时发现并让学生记诵春联、诗词等。

通过开展这些活动，增强学生对民族传统节日的喜爱，加深对中华文化的理解。

3.开展公益活动

鼓励学生参与社区清洁卫生、环境保护和公益宣传，为孤寡老人、残疾人和军烈属做好事献爱心，宣传节日文明礼仪和低碳生活知识，营造喜庆祥和的节日气氛。

【案例点评】

节日、纪念日是开展班级活动的好时机。我国有着丰富的历史文化，节日繁多且气氛浓重。赵苑中学引导学生围绕春节、元宵节辞旧迎新、团圆平安、孝老爱亲的主题，遵循简洁可行、就近就便、力所能及的原则，主要开展节日庆祝活动，包括写春联、贴窗花、做灯谜等，既丰富了同学的节日生活，又培养了对祖国历史文化的热爱情怀。同时，对中华经典诵读的重视，也从另一方面加强了传统文化的延续。该校还不忘培养学生对公益生活的关怀，更培养了学生的社会责任感。

第四章　中学班级科技活动

中学班级科技活动,是全面推进素质教育的需要,是倡导科学思想、科学精神的需要。通过开展科技体验活动,可以使广大青少年学生掌握科技知识,培养自主探究科学的兴趣,培养创新精神和实践能力,在校园中形成学科学、爱科学、用科学的良好氛围,全面提高学生的科学素养。

第一节　小种植活动的策划与组织

小种植活动是学生乐于从事的实践性活动之一,班级活动中应给学生提供机会,让他们从事力所能及的种植活动,在大自然中学习和实践理论知识,锻炼和协调各方面能力,使其得到全面提高。

一、小种植活动的意义

开展种植活动,应具体针对学校和班级的实际情况,既与学科内容相结合,但又要有别于科学教材,同时兼顾学生的年龄特点,使其活动的意义更为深远。

1. 激发学生对大自然的浓厚兴趣,增强他们的合作探究意识

兴趣是最好的老师,学生在参与活动过程中,不仅可以认识植物,增加生物方面的知识,还可以在经历体验中培养对科学的兴趣,形成基本的科学思想,领悟一定的科学方法,并培养学生的创新精神和实践能力。

2. 使学生的知识结构更加完整,综合运用知识能力得到提高

大自然的花草树木对学生是极富吸引力的。从种植到收获的过程中，学生们除了吸收教师和种植专家讲授的知识外，同伴间的交流、种植时的所见所想、资料的查找和搜集等等都可以使学生储备前所未有的农业种植知识。学生在作文中能恰如其分地运用科学知识，在科学报告中又能得心应手地运用写作技巧，学科的互通发展了学生综合运用知识的能力。

3. 使学生获得独特的劳动体验，形成发展综合实践能力

小种植活动让学生们体验到了大自然的神奇力量和丰富多彩了，并感受到劳动的艰辛、合作的重要、收获的喜悦等。这在一定意义上使学生对劳动有了进一步的认识。这种体验是独一无二的，是任何人用语言所无法替代的。同时，学生活动能力也在逐步形成。

4. 促使学生良好意志品质的形成，并实现个性全面发展

在小种植的过程中，班级成员团结一致、互相合作；在遇到困难时，互相鼓励、不退缩，在品尝成果时，大家共同分享庆祝。良好的意志品质在活动中得到了展示和培养，学生的个性在良好的氛围中逐步朝着健全的方向发展。

二、小种植活动的内容

班级活动都需要有一个与活动密切相关的鲜明的活动主题，并紧密围绕主题开展多种活动形式。小种植具有丰富多彩的活动内容，如不同蔬菜水果的种植，黄瓜、西红柿、辣椒、草莓、葡萄等。让学生体验种植过程，从而启迪智慧，培养动手能力。

小种植活动按地点可分为室内种植和室外种植两类。

1. 室内种植

教室的空间相对有限，班级可以种植一些盆栽类的蔬菜瓜果。种植仙人掌、吊兰、水仙、大蒜等小型植物，组织学生开展观察，研究等活动。

2. 室外种植

在校园内开辟植物园，种植蔬菜、花卉等。有条件的学校还可以与当地蔬菜研究所、科普教育基地等建立联系，组织学生进行室外种植活动。

小种植活动按组织内容可分为以下四类。

1. 细致科学的观察记录活动

科学教材中有许多关于植物方面的内容，有的需要进行长时间的观察、实验，如植物的繁殖（种子、茎、根等繁殖方法），就必须通过长期的观察和平时的记录。小种植活动可以培养学生持之以恒的科学态度。

2. 与学校科普教育的主题相联系开展活动

这类活动可以是单项的，也可以是系列的。其活动内容可以是"美丽校园我做主活动"、"土地与国情"等专题活动，也可以是"校园四季植物调查"等系列活动。

3. 围绕国内外节日开展主题活动

这类活动具有广泛的群众性和社会性，它的主题是全人类共同关心的课题，如3月12日是我国的植树节，可以围绕该纪念日开展植树等活动。

4. 结合种植活动开展其他相关的实践活动

这类活动能够引起学生极大的兴趣，如结合参观、种植等活动，开展主题摄影、观察日记、科学小论文等活动。

三、小种植活动的特点

1. 实践性

小种植活动使学生在相关的活动中积极动手动脑，通过自身的努力做好前期中期后期的准备工作，学生的动手能力得到了提高，写作知识得到了丰富，从而为学生把理论与实践相结合这一良好素质的培养奠定了坚实的基础。

2. 教育性

小种植活动的开展与组织是以学生为中心，其各项活动内容、活动方式和方法的创意、设计与实施都根据学生的生理、心理特点。因此它是对学生实施科学技术普及教育的一种重要形式，它以学生主动学习与探究为中心，以提高学生的综合科学素养为目的。

3. 趣味性

人生活在自然中，尤其孩子对自然拥有一种天生的好感。大自然以其植物的无限魅力、丰富而新颖的活动内容吸引着学生积极投入到活动中，同时又在活动中进一步激发他们对科学技术的兴趣，促使他们在兴趣盎然的活动中树立科学志向和科学理想。

4. 社会性

小种植活动要力求做到社会化和开放性。学生既要通过活动走向社会，走进大自然，又要通过主动积极的协同和合作，让活动的开展争取得到企业、家长等各方面的支持和配合。这样的活动使学生获得直接的社会经验，可以推动学生的社会化进程。

四、小种植活动的设计与实施

好的活动必然需要好的策划。要使活动接近理想的要求，追求完美，我们就要先了解一下小种植活动一些基本的流程。小种植活动的策划与设计一般包括以下六个步骤。

1. 主题要先行

主题要力争做到鲜明，有特色，不雷同，并与学生的生活联系起来，如"争当种植小能手"、"展开创新的翅膀飞翔"等。主题是小种植活动的旗帜，指引活动走向成功。

2. 目的要明确

我们开展这样的一个活动要达到哪些要求，发展什么能力，可能会运用和调动哪些知识。目的是小种植活动的灵魂。目的设计一般包括科学态度、科学精神、科学知识与技能、科学方法与能力，科学行为习惯等

方面的要求,但不同的小种植活动各有侧重。

3. 内容要翔实

小种植活动的内容十分丰富,选择并确定适当的活动内容极其重要,它关系到小种植活动的实施和完成。小种植活动的内容既要适应科技发展的趋势,又要立足于班级实际;既要从学校基础教育出发,又要不断开拓新领域,同时还要符合学生的年龄特征、兴趣爱好、知识水平,融科学性、思想性、实践性和趣味性于一体。

4. 形式要新颖

小种植活动的形式应注重新颖性,活动方式灵活多样,富有创造力。可以是小队合作形式,也可以个人主动参与。

5. 过程要灵活

小种植活动应根据不同年龄学生的心理状态和知识基础的不同及学生兴趣、能力、性格等方面的差异设计和安排。设计活动时要由浅入深,由表及里,讲究实效。

6. 社会要参与

要办好一个活动,离不开各方面的支持。小种植活动的组织者要积极争取社会力量对活动的支持,包括蔬菜研究所、科普基地、农科所等在资料、资金和辅导等方面给予的支持。

五、小种植活动的评价过程

1. 建立活动档案袋

这种评价与传统评价有着显著的不同:传统的评价只评价其学习的结果,是将其结果用数量表示出来的一种行为;而档案袋评价是表现一种对行为价值的评价。它对活动的全过程进行判断和评价,是每个学生长期地、有目的地、有计划地将学习过程和结果(这种成果是沿着其流程搜集记录和整理起来的)的信息、资料累及起来的积聚物。从这个档案袋中可以清楚地看到这个学生的成长过程,可以为他们今后制订新的学习研究计划提供实践依据,也可以为教师不断地改进活动提供决策依据。

2. 评价的目标

(1)使每个学生能将自己学习活动的过程形成比较完整的系列素材,并能够比较全面地反映出活动的实际情况,引起学生和评价者的重视,看到学生的成长和进步。

(2)培养学生树立起"自己是记录自己学习过程的资料的著作者和负责人"的意识,逐步养成经常反省自己的活动过程、评价自己的活动成果、改进自己的活动方式的良好的学习习惯。

(3)档案袋内容的制作过程不是学生单方面的原始资料库,而是学生与教师、学生与学生、学生与家长、学生与他人活动过程的成果的积累。围绕研究的问题搜集些什么?为什么要搜集?怎样搜集?需要大家共同参与协商解决,逐步培养学生交流合作的精神。

(4)评价侧重于活动过程,体现学生与教师、学生与学生、学生与家长、学生与他人的一种平等对话精神。通过对话,使大家成为朋友,成为合作者,体现一种人文精神和人本思想。

(5)学生的档案袋能为教师和学校提供可靠的信息源,为不断改进综合实践活动的教学计划提供决策依据。

3. 档案袋的具体内容

(1)主页——包括学生个人的一些基本信息,如姓名、性别、出生日期和历次研究问题的主题等。

(2)主题简介——我最感兴趣的问题、研究问题的时间与地点、指导教师,合作的方式、资料的来源和成果展示的形式。

(3)相关资料——研究计划、搜集的相关资料、活动记录、活动体会、作品和获奖情况等。

(4)评价——自我评价、小组评价、指导教师评价和社会评价(包括家长评价)。

鼓励学生根据自己的设想建立档案袋,自行设计封面。纸张可以采用不同颜色,表示不同的内容或不同的意思。活动结束后分类进行成果汇报,选择优秀的成果进行展示。

【相关案例】

"花卉种植"活动方案

活动名称:种花卉	地点:校园左侧
设备及投入资金:	危险系数:1
快乐指数:	活动时间:120分钟/班
活动目标: 1.通过组织学生参与花草的栽培、管理,激发学生对大自然的热爱。 2.通过组织学生参与花草的栽培、管理,培养学生的动手实践能力。 3.通过组织学生参与花草的栽培、管理,对学生进行爱护花草、保护环境、美化环境的思想教育。 4.通过本次活动,培养学生的合作精神,做事耐心细致、持之以恒的品质。	
活动准备: 1.活动前,教师发动学生搜集有花草的图片、杂志、VCD等。 2.与校园艺师联系,力求能得到他们的帮助和支持。 3.准备照相机、摄像机记录下有关的资料。	

活动过程:

（一）展示学生收集的花草图片、资料,激发学生种植花草的兴趣。

（二）观看四季养花的VCD。

1.认识、掌握各季节的气候特点及适宜栽培的花草。

2.了解不同花卉在不同季节的生长特点。

3.从中挑选一至两种自己喜爱的花草进行详细研究。

（三）请校园艺师带领同学参观校园,了解、认识校园的花草树木,了解它们的生长习性。

（四）各小组分组行动,前往花鸟市场购买准备种植的花草。

（五）对各自种植的花草进行观察、记载。

1.把各组的花草集中放置在校园小花园内。

2.小组分工合作,定时定期给花草浇水、施肥等。

3.进行观察记载,记录下所种植的花草的生长过程(可兼用照相机、摄像机)

4.碰到问题及时进行讨论、共商对策。

（六）开展一次花草展示会,结合自己种植的花草谈种花草的感受。

【案例点评】

在校园里面种植花卉,既保证了同学们的安全,又节省了学校开支,同时,又为校园的美丽做了自己的小小贡献。在活动开始前,要好充分的准备工作,包括把学生分好小组,发动学生搜集植物花卉的图片、杂志,请园艺师协助同学们认识各种花卉及其种植方法和技巧等。通过老师和同学们的一起努力,激发了学生们的动手实践能力、相互合作的能力、持之以恒的品质及其对大自然的热爱。

第二节　小实验活动的策划与组织

　　小实验活动也是学生乐于从事的实践性活动之一。学生通过从事力所能及的实验活动，进行实验研究，从中直接获得感知、技能和乐趣方面的发展。让所有学生感受科技带来的成果，在科学家和中学生之间积极架起一座桥梁，培养更多的小小科学家。

一、小实验活动的意义和作用

　　实验活动强调动手能力，小实验活动能够使学生坚信科学道理，引起学生探求科学奥秘的浓厚兴趣。同时，实验活动也是学生进行科学探究、培养科学观念的重要手段。

1. 好奇心和探究欲望的挖掘

　　学生对于感兴趣的实验项目会投来巨大的兴趣，这将强烈激发学生的好奇心和探究欲望。许多自然科学知识方面的典型实验，如从有生命的动物、植物、微生物，到无生命的岩石、矿物，虽然有的在科学课堂上能做，但也有的需要长时间观察、实验，因而需要团队合作来研究。这恰为班级活动设计提供了可能，可以把它作为班级活动来实施，以激发学生的好奇心和探究欲望，并在现有条件下对这些因素进行有效的调控，从而激发学生的积极情感。他们在广阔的时空中亲历探究过程，会惊异地发现，原本以为"熟悉"的事物或现象，竟出现了许多以前自己并没考虑到的问题，有些问题竟也能通过自己的执着探索迎刃而解。

2. 交流和合作能力的提高

　　学生交流合作的能力将在实验活动中得到巨大的提高。班集体作为一个团队，拥有共同的价值目标。学生作为成员拥有不同的个性，且在合作中分工不同，难免会出现冲突，这就要求学生在活动中要学会倾听分享彼此的观点和意见。只有好的团队合作才能激发学生的创新意识，提高其创新能力。

3. 综合评价能力的进步

在活动开始、过程中、结束的各个阶段，学生们都有充分的时间撰写科学报告，这必然会调动学生各方面的知识结构。在班级小实验活动的交流汇报过程中，可以让学生相互评价，要求他们认真倾听别人的发言，并能用简练、清楚、富有特色的语言对别人进行评价。在这样有意识的训练下，学生们会慢慢形成一种辩证的思维方式以及宽容的待人接物态度，这使他们各方面的素养得到提高。

二、小实验活动的内容

实验的基本特征是有意识地控制其他变量，改变某种变量，探寻改变变量和结果之间的因果关系。科学实验可以分为验证性实验、模拟性实验和探究性实验。在班级科技活动中，应大力提倡探究性小实验。探究性小实验有的可以在课堂上完成，有的可以让学生在家里完成，或者是在家里完成前期性工作。

1. 有关物质世界的小实验

一个无生命的世界同样五光十色，精彩纷呈，充满了形形色色的令人惊奇、迷惘、感叹的现象和过程。这部分内容所涉及的许多知识与技能都是现代科学和现代技术的基础，相关小实验应充分体现出它与技术的关系。如使用简单仪器研究热胀冷缩，相关小实验应充分体现出它与技术的关系，如调查水的污染和净化、物质与环境的利用、乐音和噪音，研究彩虹，研究电动机等小实验。

2. 有关生命世界的小实验

通过班级活动，可以让学生进一步接触生动活泼的生命世界，感受生命的丰富多彩。内容可以围绕植物、动物和其他生物的生命周期、结构功能、基本需求、遗传现象等，也可以涉及儿童的生理健康、生长发育、生活习惯等。生物对环境的适应等则可以选择适合在班级科技活动内开展的小实验。

3. 有关地球和宇宙的小实验

学生从小就从各种媒体中接触到"地球"这个名词，又在科学课上获得了有关地球的完整印象，包括了解地球的概貌和组成物质以及因地球的运动而引起的各种变化。而班级科技活动可以让学生进一步意识到地球的价值和保护它们的重要性，并进一步了解人类对宇宙奥秘的探索，认识科学的进步和人类的智慧。可以围绕地球概貌与物质，地球运动所引起的昼夜变化、天气变化、四季变化等，以及探索地球的历史等内容，在班级科技活动内开展如火山地震的研究、测风力风向、四季星座等小实验。

三、小实验活动的设计与实施

一个小实验设计的成功，是组织实施好班级科技活动的前提。精心设计活动方案，并加强实验活动过程的指导十分重要，小实验活动的设计与实施一般包括以下五个步骤。

1. 实验主题的选定

科学地选择活动主题，对活动开展成功与否起着至关重要的作用，并直接影响活动的质量。我们可把鲜明的主题，比喻成活动的灵魂。也就是说，小实验活动要有明确的目的，要使学生的全部注意力都集中在一个鲜明的焦点上。

2. 实验目的的确定

目的设计一般包括科学态度、科学精神、科学知识与技能、科学方法和能力以及科学行为习惯等五方面要求，但不同的小实验各有侧重。通过使五个方面具体化来进行操作实践。

3. 活动形式的确定

实验形式可以是丰富多彩的，可以以个人、家庭、班级等为单位，选择与实验活动相适合的活动形式有助于实验活动的成功开展。

4. 试验材料的准备

这是实验活动中非常重要的一环，实验材料的充分准备可以使实验达到事半功倍的效果。实验材料可采取师生共同准备或学生与家长共同准备，材料可以是生活中的一些常用工具或废旧物品等。班中还可配备工具箱，里面放一些常用的工具和材料：剪刀、双面胶、单面胶、老虎钳、卷尺、计时器、水彩笔等。

5. 活动过程的记录

一个完整的实验活动一定要有文字方面的相关记录，以便于教师和学生可以在过程中或实验结束后进行有效的反思。因此，在小实验过程中，每个学生可配备一本实验记录本。它可以包括个人写作部分和集体写作部分，即一部分是每个学生自己写的材料，另一部分则是集体学习的成果。学生可以将自己的想法和得到肯定的想法加以比较，用图文结合的方法进行记录。

6. 活动成果的交流

在实验结束后，大家一定对实验有很多看法。这时不妨趁大家的兴趣点上开一个成果交流会，可以交流一下成功或失败的经验和教训，可以借鉴一下其他人的意见和建议。

四、小实验活动的评价

在小实验活动中，可以通过记录本、汇报交流等方式对学生进行综合性评价。实验记录本是学生思维的外显。保留好每次实验活动的记载,就能看到学生进步的轨迹。如语言表达的进步,辩论说理能力的提高和科学知识的增长。实验汇报交流则可以通过制订评价标准,引导学生进行生生互评。如可以从语言流利、内容丰富、形式新颖、认真倾听等方面进行评价。

【相关案例】

研究蚂蚁

一、实验目的

以学生感兴趣的小动物作为研究对象,通过观察、实验、记录和思考,激发学生自行探究和热爱大自然的情感;通过在活动中相互交流、倾听其他伙伴的想法和建议,培养与他人合作的团队精神。

二、实验提示

(1)会用文字和图画等方式观察记录蚂蚁的行为特征。

(2)会用简单表格统计、整理蚂蚁的食性等情况。

(3)能对蚂蚁的各个方面提出自己感兴趣的问题,并选择适合自己研究的问题进行探究。

三、实验准备

(1)抓蚂蚁的工具材料等。

(2)供蚂蚁选择的食物,如糖、饼干、面包。

(3)供实验用的放大镜、水盆、抹布等。

(4)供交流用的实物投影仪。

活动时间:4~5课时。

四、实验过程及设计意图

第一阶段:激发兴趣,提出问题

（1）介绍各组带来的实验材料。

（2）带领学生到公园内抓蚂蚁，目标是抓到10只以上的蚂蚁。向学生提出安全、守纪等要求。教师参与到各组进行指导。

（3）交流汇报：在哪里抓到的蚂蚁，这些蚂蚁是什么样的。让学生把要汇报的内容先在纸上进行记录，然后再交流。交流的要求是表达清楚，语言简洁，逻辑清晰。

（4）你还想研究蚂蚁的哪些问题？先让每个学生提，教师在黑板上记录，再引导学生提出其中感兴趣的问题自由组成小组。

（5）按新的小组进行讨论，准备怎样研究大家感兴趣的问题，需要准备哪些材料和工具。

第二阶段：制订方案，实验探究

（1）制订研究计划。按自己选定的小组设计研究方法等。每个小组的记录纸包括下面一些内容：研究问题，研究经过，研究发现，结论。

（2）动手研究。学生按各自选定的问题、制订的计划进行研究，教师参与到小组中去提供必要的、适时的帮助。

第三阶段：交流汇报，总结提升

把研究的成果向大家进行交流汇报，汇报的要求（也是让学生评价的依据）：表达清楚、语言简练、富有特色。汇报形式可采用个人和集体汇报相结合。汇报完后，在座学生进行提问或评价，最后教师综合大家的评价，给出该小组最后的成绩。

【案例点评】

蚂蚁在公园里随处可见，所以选择蚂蚁作为观察实验的对象很方便。把学生带到公园抓蚂蚁激发了大家的好奇心和兴趣，同时，在活动之前一定要先提好纪律、安全等要求。让学生自己发现问题、提出问题、解决问题。不能解决的要组织全班讨论，共同解决。这既锻炼了同学们的

善于独立思考的能力，又处处发挥了集体的力量和智慧，有利于在班级中形成浓厚的科学小实验气氛和学习气氛。最后采取汇报的形式展示实验成果，锻炼了学生的书面逻辑思维能力和口语表达能力，使学生的能力在整个实验过程中的每个阶段都有所提高。

第三节　小制作活动的策划与组织

班级科技活动中的小制作活动符合学生爱玩、喜欢动手的天性，因此比较适合在中小学生中开展。该活动是在教师指导下，学生使用工具、设备，通过仿制或重新设计、独立加工制造成品的活动。科技小制作是一项很有益的课外活动，能充分发挥学生的潜在能力，激发学生的求知欲，提高学习的积极性，进而提高学生的技能和应用知识的能力，有利于学生素质的全面提高。

一、科技小制作活动的意义

科技小制作活动是在科学教育中培养学生动手操作能力和想象力的主要途径。此类活动的开展具有以下三个方面的意义。

1. 培养学生多方面的综合能力

科技小制作活动具有鲜明的实践性，它要求学生"做"重于"想"，"做"多于"讲"，学生通过动手将所学的科学知识应用于实际。同时，激发学生学习兴趣，丰富学生的想象力。科技小制作是趣味性较强的活动。教师可以启发学生利用各种废旧的材料，如纸盒、塑料药瓶、废圆珠笔芯等，做乒乓球地球仪、火柴盒机器人、纸杯电话、喷水小船等。还可以加强学生对科学技术与日常生活紧密相连的认识，制作的作品、学到的技巧具有一定的实用性,有的可直接用于生活,美化环境。通过作品制作,激活学生创造发明的意识。学生的许多小发明、小创造都是在作品制作过程中获得灵感与启示的。尤其是一些解决实际问题的题目,对激活学生创造发明的意识有很大的作用。

2. 提高科学文化素质

实践证明,开展班级科技小制作活动有利于学生在德智体美劳诸方面得到发展。尤其是动手能力的增强,观察力的提高,思维能力和创造力的增长,对学生的科学兴趣、志趣、志向的形成有显著的作用。且好的班级小制作活动能够实现因材施教,满足了学生的兴趣、爱好和特长的特殊需要,使学生的个性得到健康的发展,有利于培养科学人才。

3. 课堂形式的有益补充

单纯的课堂教学形式,已难于满足新技术革命对未来劳动者的要求。开展青少年科技小制作活动不仅是适应改革开放形势的需要,也是适应深化教学改革的必然趋势。开展班级科技小制作活动可以丰富课堂,使学生在活动中学到更多知识。

二、科技小制作的特点

科技小制作的特点就在于一个"小"字。

(1)结构简单。一般只要制作几个零件,再组装起来就做好了。

(2)材料好找。很多材料在家里就可以找到,如空纸盒、牙膏皮、泡沫塑料、罐头筒、废圆珠笔芯、坏了的玩具、铁丝、铁片,等等。

(3)加工容易。多数项目工艺技术要求低,中学生可以掌握。

(4)花钱少。有些项目甚至可以不花钱,不会增加家庭负担。

(5)见成果快。不少项目只要一天、半天就可以完成,这符合青少年心理,容易推广普及。

三、科技小制作活动的内容及组织形式

1. 科技小制作活动的内容

(1)按照图纸、说明或印制好的材料进行制作。

(2)以培养创造能力、发展智力为中心的科技小制作。

一是老师提出问题,然后号召大家运用聪明才智动手去解决。如夏天,蚊子较多,很多家庭喜欢点蚊香。可是当人们睡着或离开了,蚊香还点着,不仅浪费,还对人体有伤害,同时可能引发火灾。如果有一种装置,在点蚊香时就确定好时间,即使忘记了,也能根据设计熄灭就好了。于是,老师提出这个疑惑后,同学开始想办法行动。

二是同学通过自己在生活中对周围小事儿的细心观察,自己提出问题。如一个学生观察到前几天,妈妈让他烧水洗肉,他欣然接受。闲着无事,把手放在水里搅动起来,看着水转动的旋涡,真好玩。可不一会儿,他的手就感到热了,再一会儿,手就不能忍受了,怎么这么快水就烫了,是不是转起来的水热得快啊?于是,他把这个想法在科技活动时提了出来,大家觉得值得探究。

三是举办特定的专题科技制作竞赛。根据不同年级提出不同专题要求,各班学生人人设计制作,班内选拔出代表,再进行年级竞赛。如制作蒸汽船,规定利用两只矿泉水瓶和两只啤酒易拉罐,无需复杂工艺和结构,迅速地制作一艘动力十足的蒸汽船,经过大家的组装与试航,获得很大了的乐趣。

2. 科技小制作的活动形式

(1)开设科技课,开始介绍一学期的课程任务,要留有伸缩余地,并有老师指导。

(2)鼓励学生建立兴趣小组,自己提出制作任务,并大胆尝试。

(3)鼓励学生撰写小的科技论文,拓展思路,老师给予必要的辅导。

四、科技小制作活动的设计与实施

第一阶段：激发兴趣，提出问题

教师引导学生关注生活细节，激发兴趣，发挥想象力，提出问题，自主确定制作主题，并自主策划与设计制作内容，鼓励学生勇于创新。

科技小制作的课题选择非常重要，不仅要有实际意义，还要考虑学生的实际情况。因此，教师在平时教学中要有意识地指导学生注意观察生活中的一些科学现象，启发学生透过现象看本质，从现象中找问题，再联系所学知识从多方位考虑解决问题的方法。

第二阶段：尝试实践，探究方法

小制作需要学生在实践过程中不断尝试，不断探究。与其他科技活动不同的是，学生在制作过程中可以发挥想象，不断改进制作方法，以设计出更实用、更有创意的作品。

第三阶段：交流展示，总结提升

小制作一般以个人或两三人为单位，也可以以小队为单位，学校要争取家庭配合。小制作活动结束后，要组织学生以多种形式举行交流展示活动，并在活动中总结提升。

第四阶段：联系实际，组合创新

小制作的材料一般以生活中的一些废旧物品为主，也可以是日常生活中的一些常用材料。班级实验材料可采取师生共同准备或学生与家长共同准备。

第五阶段：活动评价

小制作活动最后评价的主要依据是制作的成品，可以通过展示小制作、汇报制作过程等方法对学生进行综合性评价。制作过程的汇报记录是学生思维的外显。保留好每个小制作的制作方法与过程记录，就能看

到每个学生思考与进步的轨迹。如动手能力的增强，语言表达的进步，缜密思维能力的提高等。制作成品、制作流程图或制作过程的记录本可以作为活动评价的依据进行评比或展览。

五、对开展班级科技小制作活动的几点认识

（一）班级科技小制作活动要激发学生的科学兴趣

兴趣是参与活动的动力，而只有参与活动才能产生兴趣。怎么引导学生参加科技小制作活动，把班级活动搞起来呢？在开展初期是有过争论的。有人主张是从组织各种科技小组入手，有人主张从班级群众性科普活动开始，启发学生的活动兴趣。实践证明，后者更符合学生的年龄特点。班级科技小制作活动要从激发学生参加活动的兴趣开始，而兴趣又需要教师的引导。因此，班主任应通过大量的活动，使学生成为科技爱好者。班级科技活动对启发和巩固科技兴趣，都创设了良好的外部环境。

（二）班级科技活动是大面积提高学生科学素质的有效途径

对于开展科技活动的可行性和目的性，在开题论证时有些争议。实践说明，开展科技活动不仅是可行的，更是有效的。其活动目的，绝不是培养几个科技尖子，而是大面积地提高学生整体的科学素质。素质的提高，包括科学态度、方法、作风、道德、远大理想等，含有智力因素和非智力因素两个方面。21世纪的接班人不能再是循规蹈矩，而是要培养创新型人才。

（三）开展班级科技活动要符合学生的年龄特征和知识水平

科技活动的界定是什么？有人认为凡是对学生实施科学教育的活动，都属于科技活动的范围。其实不然，开展班级科技小制作活动重要的一环是，必须强调要符合学生的知识水平和年龄特征，活动的操作性实践性要强。对学生开展科技活动内容要有所选择，在活动中要尊重学生的个性和爱好。不能要求全班统一，可以启发学生的兴趣，但是不能勉

强。否则，适得其反，并且失去了活动的意义。

（四）开展班级科技活动的关键是学校领导的重视和教师素质的提高

提高班主任和任课教师的科学素质和科学意识是实验成败的核心。因为既是科技活动的组织者，也是科技活动的辅导者。因此，调动他们的积极性，提高他们的科学素质是一个十分重要的问题。

【相关案例】

餐巾折花

一、设计理念

以餐巾折花作为研究对象，在自由实践过程中，通过学生实践探究、交流反馈，发现一些小窍门，遇到困难能激发学生自行探究和热爱大自然的情感；通过在活动中的相互交流、倾听其他伙伴的想法和建议，培养学生与他人合作的团队精神。

二、活动目标

（1）通过自己探究折法，培养学生自主获取知识的能力。

（2）通过小组探究培养学生的合作意识、创新精神和探究能力。

（3）在餐巾折花美的欣赏和美的创作陶冶中，激发学生热爱艺术。

三、活动准备

学生准备：手绢或口布一块。

教师准备：餐巾折花图片若干，餐巾折花图像资料，口布餐巾若干，鲜花，花瓶，竹筷子等。

四、活动流程及设计意图

第一阶段：激发兴趣，提出问题

出示餐巾折花图片若干。

让学生谈谈印象最深的花样,激发学习餐巾折花的兴趣。

第二阶段:尝试实践,探究方法

学生情况调查:有谁会餐巾折花?你是从哪儿学的?

根据学生情况,如果没有学生学过,那就参照餐巾折花的图片,让学生试试;如果有学生会做,那就分到各个小组做小老师,自己动手试试。

第三阶段:交流展示,总结提升

(1)学生把各自的作品先在小组里向大家展示并做介绍。然后每组推选一个代表做全班交流。

(2)各组推选出的代表向全班做介绍,让其他同学对印象最深的餐巾折花做简单评价。

讨论:你们遇到什么困难了吗?解决了吗?你是怎样解决的?你们有什么好方法或小窍门?

第四阶段:联系实际,组合创新

(1)看图像资料,进一步学习餐巾折花的方法。

组合创新:布置一个美丽的餐桌。

要求:以小组为单位,先商讨一下选什么主题,再确定如何布置。

提示:可以用庆功宴、朋友聚会、生日宴、婚宴等作为主题。

(2)学生分组实践。

展评发奖:当各个小组布置完毕后,全班学生自由参观,每组选两个最喜欢的餐桌,教师最后综合大家的意见,评出优秀奖、创意奖。

延伸:回家后用今天学到的本领,给爸爸妈妈一个惊喜。

【案例点评】

该案例选择了大家在日常生活中常见的餐巾纸作为制作原料,既方便又节省。用餐巾纸折花既激起了同学们的好奇心和兴趣,又锻炼了他们的动手实践能力。首先让大家发散思维，踊跃发言，找出自己最喜欢的花样。然后相互讨论并且老师下到同学中做指导。再次，同学们互相交流自己的作品和制作心得、技巧。最后大家具体实践，布置一个餐桌，达到共同提高的目的。这个小制作不但可以在课堂上做，如果掌握了制作方法，在很多场合都可以信手拈来，非常方便并且给大家带来惊喜。

第四节 小发明活动的策划与组织

班级科技活动中的小发明活动是培养学生创造意识、创造精神和创造能力的最佳途径之一。学生通过实践与思考，发现问题并解决问题，在创造发明的过程中培养其热爱科学技术的兴趣，养成良好的科学态度与钻研精神。

一、开展小发明活动的理论思考

1. 开展小发明活动的必要性

人类的进步和发展是建立在无数发明的基础上的。社会的发展，经济建设更离不开发明。推进素质教育，培养创新人才离不开学生的动手、动脑的实践。小发明活动就是通过学生的动手、动脑的实践，在科学技术范畴里首创前所未有的事物和方法，或者发现新的现象和规律实现创造目标。因此，要提高学生创造能力，有必要开展小发明活动。小发明能使学生认识世界和改造世界的能力上升到新水平，使学生的创造才智得到更大程度的发挥。

2. 开展小发明活动的可能性

学校重视科技小发明活动，成立多个小发明兴趣小组并开展活动。

开辟小发明展览室以及小发明活动基地，形成创造发明的校园氛围。学生在这种氛围下，积极参与小发明活动，在活动中培养创新意识，提高思维的独创性和灵活性，树立自信心、探索欲和意志力。

小发明活动由于不受教材、大纲的束缚，没有人数限制，也没有固定的活动模式。活动内容对学生来说新颖、有趣，形式比较开放、自由，容易满足学生的好奇心和探索欲望。学生对世界充满幻想，其实这就是创造萌芽，只要在外界活动的激发下，创造潜能可得到发挥。

3. 小发明活动与提高创造能力的关系

在科技小发明活动中，应充分让学生自己选择发明课题，自己设计，自己制作，独立思考和研究。老师要善于发现学生思维中不寻常的独特见解，并进行适当的引导和鼓励。让学生进一步发现事物之间可能存在的新关系，从而提出新颖的观点。对于同一种需要改进的事物，采用不同的思路和不同的技法进行创造发明。从一种事物的改进方法又可联想到其他事物的改进方法，做到举一反三、触类旁通。学生在发明过程中培养了敏锐的观察力，丰富的想象力和创造型思维能力，提高了学生的创造能力。

创造个性是创造能力的重要组成部分，创造个性品质决定了学生是否更好地发挥创造能力。因为创造能力不是单靠智力因素，而是智力因素和非智力因素成分有机构成的统一体。因此，在小发明活动中，只有树立坚强的意志，不怕困难，坚定信心，勇于探索，敢于向传统挑战的精神才能形成创造个性，提高创造能力。

二、小发明活动的类型与方式

1. 趣味型活动法

针对中学生的好奇心强、贪玩好动的特点，组织他们参观博物馆，科技作品展，观看惊险的高压放电表演等融知识性、娱乐性于一体的活动,使他们在游玩中萌发科技兴趣。

2. 探究型活动

通过活动指导他们仔细观察,勤于思考、把学生好学好问的特点引导到探究科学的奥秘,获取新知,增强其科学意识。如开展"找春天"、"说说生活的小窍门"等活动。

3. 实践型活动

鼓励学生们积极参加校内外各种科技小组活动,给学生们提供了一个动手操作的场所,一个参与科技活动的机会,在实践中学生不仅学到了知识,更重要的是培养了他们的操作技能。

4. 专题型活动

开展班集体性专题活动,是实验的重要内容。通过主题科技班会、科技队会、参观、考察、采集、讲座、夏令营、冬令营、科技录像、科技信息发布会等各种形式,让学生在活动中开阔眼界,增长才干。

三、小发明活动的内容与发明技法

科学小发明是一件人人能做的事,也是一项趣味无穷的实践活动。小发明活动内容极其广泛,可结合自己的学习、生活等,在身边寻找,确定活动内容。

下面简要地介绍在小发明活动中常用的七种发明技法。

1. 列举法

运用发散性思维把问题展开,一一列举出来,以寻求创造发明的思路。它是一种常用的、比较简便的小发明技法,可以用于原有物品或产品的改革,也可以用于新产品的开发,是最基本的选题方法和设计构思方法。列举法包括缺点列举法、特性列举法和希望点列举法等。

2. 组合法

组合法是将两个或两个以上已有的技术原理或不同的形态结构,通

过巧妙的结合或重组，获得具有统一的整体功能的新技术新产品的创造发明方法。对学生来说，应用组合法进行小发明，比较容易入门。组合法包括成对组合、辐射组合、插入式组合等。

3. 联想法

联想法以由一个事物想到另一个事物的心理过程为特征。世界上的许多事物都是相互联系的，要善于联想以启迪发明的思路。事物之间的关系是多种多样的，联想法也有多种形式，包括接近联想、相似联想、对比联想、因果联想等。

4. 类比法

类比法就是将两个或两个以上的事物进行比较，通过比较找出它们之间的相同或相似之处的一种发明技法。类比法是根植于世界的统一性这个基础上的，事物之间存在着相似性和相关性，提供了从一类对象推到另一类对象的可能性。类比法包括仿生类比、直接类比、因果类比等。

5. 代换法

采取省略或更替事物的部分结构要素，获得简便、节约、新颖和优化的功能，称为代换法。任何事物都有其特定的结构要素，以表示这一事物的特点和功能。但结构要素是有主次的，如果省略或更替其次要的要素，仍不失其原有的功能，化繁为简，获得简便省料的效益。代换法包括"无"字法、部件代换、材料代换等。

6. 逆向思考法

逆向思考，就是换一个角度或者倒过来思考问题的发明思路。在探索发明课题时，如果想不出妙计，不妨改变一下思路的顺序，从事物的正反、上下、左右、前后、里外、因果等方面颠倒一下去思考，常常会产生奇妙的小发明方案。逆向思考法包括形态反向、功能反向、结构易位、因果互易、缺点逆用等方式。

7. 设问法

设问法是根据需要选择发明课题, 或针对创造发明的对象设计构思, 采取系统的设问方式, 列出有关问题和试探解决的方法, 逐个核对讨论, 进行分析研究的发明技法。如奥斯本检核表法, 即思考现有的发明（产品）有无其他用途, 现有发明能否引入其他产品, 现有发明能否扩大使用范围, 延长使用寿命, 现有的几种发明或产品是否可以组合在一起, 等等。

此外, 我国的创造学研究者, 根据上述奥斯本检核表法, 综合我国的国情和青少年的特点, 提炼出10个 "聪明的办法": 加一加, 减一减, 扩一扩, 缩一缩, 变一变, 改一改, 联一联, 学一学, 代一代, 搬一搬。在开展小发明小创造活动中, 可按以上这些方法进行思考, 得到启发, 提出发明的课题和构思设计。

四、小发明活动的设计与实施

陶行知先生曾经说过: 处处是创造之地, 时时是创造之时, 人人是创造之人。小发明活动可以贯穿在学生的日常生活和学习之中, 还可以与团会活动结合起来。小发明活动设计包括以下一些重要内容。

1. 活动目标的确定

在小发明活动的选题与构思设想阶段, 往往只是提出大体的设想, 就是在课题选定之后, 其构思设计的方案也常常是多变的、不确定的。在实施阶段, 首先要把课题目标和主要构想确定下来, 才能动手实践。以 "制作机器人" 为例, 该活动的目标是弘扬科学精神, 普及科学知识, 传播科学思想, 提升科学方法, 凸显创造与创新, 强化团体合作。

2. 落实并分解活动目标

把活动的目标分解成几个具体目标, 然后逐个提出解决的办法。如在上述 "制作机器人" 活动中, 可以设置以下几个具体目标。第一阶段:

初步介绍机器人技术，使学生能在较短的时间内对机器人有比较充分的了解。第二阶段：认识机器人的大脑，观摩并让学生动手搭建自己的机器人，学会编写一个简单程序。第三阶段：发明创作，交流汇报。

3. 个人与集体相结合

小组合作学习是新课程倡导的一种学习方式，在小发明活动中要充分发挥小组学习的功能，注意组内各成员之间的差异性和互补性，为个人和小组完成任务及开展公平竞争提供智力保证。一般来讲，小组由4-6人组成，根据成员的学习能力、学习兴趣、个性等，互相搭配，努力做到优势互补。当然，小发明活动也可以个人完成，有些学生特别善于奇思妙想，在活动中应该为这些学生提供个人展示的舞台。

4. 绘制必要的图纸

绘图是以直观的形式把头脑中已形成的小发明活动的构思设计描绘出来，它比语言表达更形象、生动、准确、可靠。绘制图纸的过程不仅是把无形的构想转化为有形的图式，作为制作样品的依据，同时也是一个重视构思结果的过程，使创造发明的设想进一步具体落实，更趋完善。绘图纸主要是为日常用品器具、学具、教具仪器、各种机械电器装置等刚性结构物品的小发明作品绘制出结构设计和原理的示意图。对非刚性结构物品，如动植物新物种、化学品和药品等，则不必绘制图纸。

5. 制作样品

制作样品是把小发明的设想和图纸通过动手操作的实践，从"纸上谈兵"物化为创造发明的作品，使小发明活动的目标成为现实。制作过程是一个理论到实践的飞跃，也是一个再创造的过程，在制作过程的每一个环节都会遇到一定的困难和挫折，不仅需要有一定的信心、意志和毅力，而且还需要发挥创造力和应用发明技法，去克服困难，解决问题。

制作的一般步骤如下：

（1）选取材料和准备工具

小发明作品的取材不是固定不变的，在保证一定性能和结构强度的前提下，尽量寻找便于加工、省工省料的代用品；使用的工具设备，也以因陋就简为原则，以手工操作工具为主。

（2）制作零部件

有了制作材料和工具，根据零部件的图纸如何入手？这也是一个值得思考的问题，需要充分发挥创造性思维。不仅要指导学生学会使用各种工具的方法，而且要指导学生如何应用手工工具进行画线、加工最终制作成形。如机器人制作过程中可以利用各种各样的积木、马达、传感器等，通过不同的搭建方法，制作成各种所需的作品。

（3）组装与调试

小发明作品往往不都是静止不动的，总有一部分是活动部件，在组装和调试过程中要抓住这些关键性结构，试验是否灵活可靠，是否达到原来设计的功能。在调试过程中如果发现结构不理想，或不能达到设计的要求，就得分析原因，更换零部件或修改原来的设计，直到达到完满的结果。上述"制作机器人"的活动中学生就要把编号的程序下载到搭建成的作品中，然后针对目标，对搭建方法、程序等进行不断的调试，直至最后成功。

（4）改进

小发明样品的制作经组装和调试后，虽然已达到设计的要求和效果，但通常是比较简陋粗糙的，需要经过一番修改和加工，以完成发明的最后一道工序。改进，就是要采取精益求精、删繁就简的原则，达到合理实用、工艺精巧、造型美观的效果。在改进小发明作品的过程中，要着重思考的问题是：作品的性能能否更佳；结构、布局能否更合理；采用的原材料能否更节省；制作工艺是否精良；配方配比是否最优化；外形是否美

观等。

6. 交流评价，总结提升

通过交流展示可以让学生获得更深入的知识，包括解决问题的方法，科学技术原理，还有编程和创造性的设计。交流时，引导学生进行多元评价，小组互评、生生互评、教师点评、家长评价，等等，使学生在评价中提升综合能力。

五、小发明活动中的注意事项

小发明活动是一项深受学生喜爱的活动，但如果指导不当，也会使活动虎头蛇尾，或者让学生产生畏难情绪。因此，在实施活动的过程中还应注意以下几点。

1. 培养发明兴趣

在小发明活动中，兴趣是创造活动的前提。可以说兴趣是激发学生创造力的发动机。大科学家爱因斯坦曾说："兴趣是最好的老师。"当学生对某件事物有了浓厚的兴趣时，就会主动运用各种感官去看、去听、动脑筋想、动手操作，积极探索。学生的兴趣越浓，参与小发明活动就越积极。

2. 向科学家学习

在小发明活动中，经常对学生讲著名科学家、发明家成功的故事，探讨其发明过程中的规律，可以激发学生参与活动的热情和勇于探索、敢于创新、不断进取的精神。

3. 运用多种形式

如果仅用粉笔加黑板的形式讲授发明方法，学生会感到枯燥乏味。为了改变这种状况，可以利用实物、投影、录像、录音、多媒体等各种手段，使课堂气氛活跃，激发学生参与活动的热情。

4. 多用鼓励与赞扬

科学家进行一项科学研究，往往要经历成千上万次的失败以后才能取得成功。受各种条件的影响，学生在小发明过程中得到的结果不一定尽善尽美，有的发明也没什么价值，甚至是错误的。教师要善于发现学生活动过程中的闪光点，不断鼓励、表扬，培养学生的自信和毅力，引导学生不断努力，最终获得成功。

【相关案例】

魔力眼睛车

一、设计由来与活动目标

晚上行走时，汽车的大灯常常照得我们的眼睛睁不开，驾驶员肯定也有这样的感觉，那么交通安全就会存有隐患。本次活动的目标就是用机器人对近灯和远灯进行自动控制，从而减少或避免晚上因灯光引起的交通事故。

二、活动目标的分解与落实

第一阶段：初步认识机器人技术。

第二阶段：认识机器人的大脑，学会编写几个简单程序。

第三阶段：发明创作。各小组制作一辆机器人小车，具备以下功能：远近灯自动装置，模拟自动驾驶，红绿灯自动感知装置。再制作一个大风车停车场。

第四阶段：汇报交流。

第五阶段：改进与评比。

三、确定小组

四、画图纸

根据小车的主要功能画出小车的基本形状，标出主要零部件的安装位置、小车的大小尺寸等，并给小车命名为"魔力眼睛车"。再画出大风车停车场的图形及周边简单的环境图。

五、制作样品

按照上述图纸及功能搭建小车及停车场，编写相关程序。然后对编有程序的机器人小车不断调试，完成上述功能。

六、交流汇报

把各组制作的"魔力眼睛车"进行展示、汇报，其他学生进行评价。评价时应遵守以下几条：第一指出值得你学习的方面；第二，每人每次只谈一个方面，表达要简明；第三，要注意倾听别人的发言，获得启发，产生联想；第四，不要批评或指责别人提出的设想，只能提出一些改进建议。

各小组根据修改意见对小车进行改进，最后进行全班展览评比。

【案例点评】

该小发明从生活中常见的现象选取问题，大家都不陌生，很容易使大家积极思考、踊跃发言。在该小发明活动中，大家从一点一滴的基础做起，先了解一些基本的机器人知识，然后再学习简单的程序。画图纸、制作简单的模型，每一个过程都需要大家细致耐心、谨慎认真地去完成。最后集体交流汇报总结，互相取长补短，共同提高。在寓教于乐中，大家学到了知识，锻炼了能力。

第五章　中学班级文艺活动

开展班级文艺活动，可以丰富学生的课余文化生活，为学生提供展现自我的舞台，培养积极乐观的生活态度，切实营造健康进取的学习氛围，提高班级的凝聚力。

第一节　班级联欢会的策划与组织

班级文娱活动是班级文化艺术娱乐活动的简称，是指学校通过健康的文化和艺术娱乐活动对学生进行熏陶和教育，以发展学生的美感和健康心理品质的教育形式。中学班级文娱活动的形式多种多样，最常用的活动形式是联欢会。

一、班级联欢会的常见类型

1. 文艺联欢会

这是班级联欢会的主要形式，一般是由学生表演小品、相声、魔术、小杂技、武术、歌曲、诗歌朗诵、短剧、器乐表演等等。有时候，学生还邀请老师一起表演节目。

2. 节日联欢会

节日联欢会是指在节日举办的联欢会，像在元旦组织元旦联欢晚会

等。节日联欢会学校常以班级组织排练，在学校进行表演，这样既庆祝了节日，又锻炼和教育了学生。

3. 生日联欢会

这是借学生生日开展的活动，这种方式在班级活动中运用较多。班主任可以找到某个或某几个典型学生，问清他们的生日，借助生日，对各方面都表现好的学生，可以勉励他们再接再厉；对某些方面还存在不足的学生，可以在生日联欢活动愉悦的氛围之中既肯定他们的优点，又巧妙地指出他们的不足。教育实践的众多经验证明，通过这种方式教育学生，要比单纯的说理教育效果更好。

4. 专题联欢会

这是种临时的、非固定的班级联欢会形式。如北京奥运胜利召开、海峡两岸实现三通等等专题联欢会，将爱祖国、爱科学的教育渗透于联欢活动之中，取得了明显的效果。

5. 毕业联欢会

毕业联欢会对中学生来说是一次很有纪念意义的活动。这是一种既可以让学生回顾过去，加深同学友谊、师生情感，又能使他们展望未来.帮助学生.树立理想的非常好的活动形式。

此外，在有条件的学校，班级联欢活动还可以采用节日游园会、周末晚会、月光晚会、篝火晚会等形式。

除了联欢会，班级文娱活动还可以选择绘画、书法、雕塑、剪纸、摄影、工艺、刺绣、编织、集邮等形式，可以是兴趣小组的活动，也可以是全班性的展示活动。

二、班级联欢会的特点

班级文体活动是指以促进学生全面发展为目的，通过健康的文化艺术、体育健身等活动对学生进行熏陶和教育，以发展学生的美感，增强学生的体质, 促进学生身心健康的活动。

班级文体活动对于丰富中学生的校园文化生活, 陶冶中学生的情操, 培养中学的审美情趣, 促进中学生身心素质的全面发展具有十分重要的作用。班级联欢会作为班级文艺活动的主要表现形式具有以下特点:

1. 教育性

班级联欢会对中学生的教育作用是显而易见的, 一首合唱、一次书法绘画展示, 一个小品表演, 一场拔河比赛……都能培养学生的合作意识、审美意识、竞争意识, 能潜移默化地陶冶学生的情操, 使学生的身心得以健康地成长。

2. 生动性

作为中学班级所开展的联欢会, 由于活动的主体是天真活泼而又动感十足的学生, 在他们身上, 充满了对所开展的联欢会的热切参与的渴望, 因此在他们中间所进行的任何一种文体活动都应该是生动有趣的, 而且班主任在活动内容的选择与活动方式的设计上应该体现出这种生动性。

3. 针对性

中学班级联欢会是依据青少年的身心特点而开展的, 在活动内容的选择方式的运用上, 都要充分考虑和顾及中学生的思维方式、兴趣爱好、身体承受力, 甚至要认真研究不同年龄段学生的心理素质情况和身体素质状况。不能用成人开展文体活动的方式去设计中学生尤其是初中学生的文体活动, 活动的内容也应满足中学生的身心需求, 具有针对性。

4. 群众性

初中学生的参与意识很强, 作为班级群体性的活动, 应保证每一名学生都能参与到活动之中; 在活动内容与活动形式的选择上, 班主任要发扬民主, 多与学生商量, 征求他们的意见和建议。在活动中, 班主任要

精心安排，让每个学生都有事可做，都能发挥他们的积极作用。

5. 简单性

简单性可以从四个方面去理解：

其一，中学生由于知识储存不够，无论是音乐、美术、体育等方面的知识与技能储备都不足以使他们在整体上表现出多高的艺术才华，个别学生也许在这方面才华出众，但他的才艺表演更多地体现的是个人才干，而不是整个班集体的水平。所以，学生的文体活动尤其是初中年级学生的文体活动，应当不求其艺术造诣有多高，"技术含量"有多重，只要他们积极投入其中，并在活动中受到教育就行。

其二，学生的文娱表演形式是多样的，但所表达的主题既鲜明又简单，极易被大多数学生所理解，其教育功能是突出的、教育效果是明显的。不需要进行透过现象看本质式的理性思维，活动本身形象直观，教育作用也很直接地表现出来。中学生的体育锻炼活动更不需要追求高难动作，只要与学生的身体发育相适应，能促进学生身体健康就行。

其三，中学班级文体活动对器材、场地、服装等的要求不高。开展班级文体活动时，班主任和专任教师在一般情况下，不应苛求学生准备太多，以免给学生带来沉重的心理负担和家长的经济负担。

其四，由于青少年正处于青春爱动期，坐着看别人表演，虽然好奇而且兴奋，但坐久了他们也会很不耐烦。所以，班级文体活动的时间一般不宜太长，即使是学校的文娱会演、体育节等活动，都应控制好时间，而且每个节目所花的时间也应是短小精悍的，这样才能达到良好的活动效果。

三、班级联欢会的策划与组织

(一) 确定活动的主题

主要根据班级学生的年龄特点、发展要求、思想倾向和学校德育的总体安排而选择，班主任应注意以下两个问题。

1. 班主任是班级活动的规划者

应对每项要组织的活动有"主心骨"，做到事先心中有数。尤其要关注这样几个方面：

一是班级活动的主题是否与班集体奋斗目标、班集体建设计划相吻合，是否适合当前班集体建设的需要；

二是观察班级学生的当下表现，看看是否有急需解决的热点问题；

三是主题班级活动是否符合学校教育计划和教育活动安排，不要在时间安排和内容选择上产生冲突。

2. 发动学生讨论，征求意见

班主任可以采取个别交谈或开小型座谈会的方式，把自己的设想讲给学生听，允许学生提出独立的见解，认真收集、整理学生的反馈信息，作为确定活动主题的重要参考。有些活动，还可以征求科任教师、校领导以及部分家长的意见。如果没有根本分歧，就可以确定班级活动的主题。

（二）制订活动计划

具体步骤如下：

1. 明确教育目标

首先，班主任要明确班级所在年级的阶段教育目标；其次，班主任要了解班级学生的年龄特点和发展需求；最后，明确学校的工作计划和班级活动主题。

2. 设计实施步骤

班主任应开好班委会，主要就班级活动的具体内容和实施环节进行充分的探讨。其中，涉及活动的方式、具体的步骤、人员分配、会场选择、环境布置、活动器材配置等各项事宜，考虑得越具体越好。

3. 拟定计划书

形成初步的活动方案，拟定计划书。班级活动计划书一般主要包括：活动的内容和目的、活动的基本方式、活动的组织领导、活动的时间安排、活动的具体准备工作、活动的地点、活动的总结。

4. 征求意见

通过问卷调查、写意见信、面谈等形式进行多方面的信息反馈。

（三）落实组织准备工作

班级活动的准备工作除一般的内容选择，落实活动步骤及人员安排，确定活动时间、地点、准备活动场地和活动器材之外，还应具体明确总负责人、宣传负责人、对外联系负责人、组织发言人（或节目）负责人、布置会场负责人、活动主持人等。如果是一些实践活动，如小制作、体育竞赛、社会调查、外出露营等，还应该在活动前对学生进行有关知识、技能的辅导和培训，以利于班级活动的顺利开展。

一般来说，主题班会中的人员分工，主要由班委负责，班主任协调。在各项准备工作中，班主任尤其要注意主持人、发言同学的挑选、指导和会场的布置。选择善于控制班会气氛，能用语言调动其他学生参与活动的积极性的人作为主持人。主持人的串词要朴实自然，衔接紧密，紧扣主题。发言同学的准备稿要有启发性、感染力，以引导更多同学加入到活动过程中来。

在落实组织准备工作中，要特别注意处理好以下问题：

一是针对班级存在问题开展的活动，要关注与"问题"有关的同学的活动"角色"，要选择适合的"角色"让他们承担，以突出活动主题，发挥教育作用。

二是综艺式主题班会，在有限的空间、很短的时间内进行，总体设计、节目安排不要脱离实际，不要生搬硬套"综艺大观"那种大舞台、大场面的表现形式。

三是要发动和安排全体同学积极参与到活动中来，不要有被遗忘的角落。

四是充分使用活动中的设备，尽量避免出现设备失灵的现象。

（四）布置会场

布置会场的基本原则是适合活动的主题，创造良好的环境氛围，有助于班级活动的有效开展。具体如下：

（1）会场的色彩。

（2）物体的摆放。

（3）音乐的播放。

（五）活动实施

（1）全班同学的精神状态。

（2）处理活动中的偶发事件。

（3）主持人的精神状态和能力。

（六）活动总结

（1）班级活动全面总结。

（2）班级活动专题总结。

四、班级联欢会中的小游戏

联欢会中通常会结合大家的年龄特点和兴趣组织一些集体小游戏，生动有趣，适合学生的小游戏必将使班级联欢会达到期待的效果。下面就简要介绍一下适合联欢会的一些小活动、小游戏。

（一）游戏活动的组织形式

组织游戏活动主要由两个方面的因素决定。第一，为不同年龄的学生选择不同内容的游戏；第二，不同场合，不同地点，不同季节，选择的游戏也应有所不同。游戏也要注意年龄特点，在7-14岁的学生中，按其生

理、心理的一般特征和知识水平，大致可以分成三个阶段：6-9岁；10-12岁；13-14岁。即小学低年级、中年级、高年级。

低年级学生注意力不集中，理解力差，不适合玩规则多而又难记的游戏。一般来说，他们喜欢玩跑、跳、投、掷等游戏，他们更喜爱形象的模仿，多是一个简单的带情节的童话或歌舞表演。所以低年级的游戏有的被称为唱游。由于低年级学生体力上的原因，不适宜进行运动量大、时间长又很剧烈的游戏。

中高年级的学生体力增强了，记忆力、注意力和克服困难的毅力进一步发展，已不满足有情节的唱游了，而是喜欢活动量大和启发智力的游戏。他们特别喜欢竞赛，对智力游戏产生浓厚的兴趣，并在游戏过程中表现出机智、勇敢、敏捷、熟练，同学间有机地合作与协作。他们已经能够适应多规则的游戏。

（二）游戏类型，可以分为五大类，每一类的设计着眼点和设计思路也有明显的差异。

1. 热身篇——调节情绪，活跃气氛

热身游戏有趣简易无竞争性，具有培养气氛、消除陌生及安定情绪等作用。其目的在于引起伙伴参与活动的热情和集中精神，有效地开展各类教育活动。

设计此类游戏要注意以下几点：

（1）规则简单

提供全体参与活动的机会，对于内向害羞和新来的陌生伙伴，通过参与活动使其很快融入集体。

（2）玩法容易

通常在集会或活动开始时实施，便于消耗部分体力，冬季可兼作热身活动。

（3）竞争性不强

依参加者年龄特点而采用不同的方式，低中年级以体力消耗性游戏为主，以便他们能快速融入环境中；高年级及初中队员以心理游戏为佳，便于瓦解彼此心中的自收情结，进而相互认同，彼此信任。

（4）提供接触

安排参与者做大量肢体的或心理上的接触，并提供一种可以控制的混乱情境，使伙伴们在不知不觉中融入这个团体。设计、使用这类游戏时要注意仔细了解游戏的目标所在，这样才能保证具有针对性；还要考虑到具体的游戏是否适合学生的类型与特点，是否与活动目标相符等。

2. 技能篇——积极参与，增长技能

设计这类游戏时要注意以下几点：

（1）兴趣第一

游戏的主要目标是激发学生的学习兴趣，通过学生的积极参与，让他们在不知不觉中掌握相关的一些知识技能。

（2）简便易行

这些规则要简单，玩法要多样，而且对体力、思维的要求不能太高，注意与他们的身心特点想吻合。

（3）注重整合

和新课改倡导的综合实践活动一样，游戏要与学科内容整合、与中学生活动整合、与生活常识整合，达到一举两得、甚至一举多得的目标。

（4）精心组织

要注意找准结合点，不要胡乱凑合、生搬硬套。做好充分的准备工作，特别是道具的选择与使用，在确保安全的前提下，大胆使用，鼓励学生参与。

3. 竞赛篇——小组对抗，奋勇争先

竞赛游戏大多采用接力形式进行。接力活动可以让每一个成员都有

机会参与, 而且在竞赛的过程中, 队员们一方面要参与接力, 另一方面则要替同队的伙伴加油, 有利于促进小团队的合作, 培养集体荣誉感, 养成文明守纪的好习惯。

竞赛接力游戏虽然种类繁多, 但实际上只要掌握 "人、事、时、地、物" 五大要素, 就能掌握其设计要诀。

(1) 人的因素

根据队员生理、心理等各方面的成熟程度设定游戏难度的上限。这是游戏设计时应充分考虑的首要条件。

(2) 事的因素

以参与者身心为前提, 以游戏活动目的为中心, 设定游戏类型 "范围"。根据这个范围, 列出适合参与者操作实施的事项 (包括肢体的操作及心智的运用等)。

(3) 物的因素

在考虑 "人、事" 因素后, "物" 的因素应优先加以考虑: 是设计需要器材的游戏还是不需要器材的? 若不需要器材, 则主要考虑人、事两项因素, 以人的肢体、心智作为天然无形的器材。若需要器材, 就要考虑以下条件: 器材是自然环境下随手可得的, 还是需要配合时令季节或特殊环境下才能取得, 或者是需要事先购买的等。此外, 是否须事先准备布置、是否符合孩子的需求等因素也要考虑。

(4) "时" 与 "地" 的因素

在考虑了 "人、事、物" 因素后, 还要考虑其 "时令" 与 "场地天气" 等因素, 加以任意搭配组合, 变化出丰富精彩的新游戏。

设计、实施时还需要考虑的问题:

(1) 器材来源

自然环境取得。特别是户外活动, 大自然的许多东西都可以巧妙利用。在经费许可的范围之内, 购置一些器材来进行游戏亦是可行的。

（2）操作方式

以参与者的身心成熟程度为基础, 在考虑器材本身的安全性（成分）、外观（颜色、形状、大小）、物质特性（软硬、轻重）及可能用途之后, 运用想象力大胆假设, "无中生有"、"有中生新", 创设出一个个新奇有趣的游戏来。如蒙眼接力——一般二人一组, 其中一人用器材蒙眼, 由明眼人以特殊方式引导蒙眼人前进, 特殊方式包括: 乐器发声、击物发声、口令发声、身体引导、方位引导等; 障碍接力——将器材用作障碍, 借以降低参与者的速度, 如布袋跳、高低栏、平衡木、跳箱、跳绳负重接力等。

（3）行进方式

包括: 走（跑）——脚尖走、脚跟走、内八字走、企鹅走、侧滑步等; 跳——单脚跳、交替单脚跳、双脚并步跳等; 爬—手脚着地爬行、贴地爬行、身体上仰爬行、模仿动物爬行等; 双人配合—并肩同向行进、并肩反向行进、背负行进等。

4. 合作篇——团体协作, 共同提高

合作游戏主要分为 "使用器材" 与 "不使用器材" 两大类, 分成小团队, 在场地、器材同等的条件下, 进行公平的竞争, 在活动中提升学生交流与合作的基本能力, 培养团队精神。

此类游戏有较强的竞争性, 公平、公正才能服众。因此, 在说明规则后, 应安排示范、演练一次, 并立即纠正发现的错误, 让全体成员都明白规则。

为避免因竞争白热化导致 "反教育" 效果, 在游戏过程中应具体要求参与者保持良好的运动精神。甚至有的游戏在讨论时就要淡化学生的 "胜负观", 注重的是团队合作的方法、过程、经验、效果的归纳, 为培养

他们合作的方法与技能打下基础。

设计合作游戏的要点有：

（1）大胆假设

可以异想天开地放手去想、漫天幻想；要想得奇、想得妙、想得怪、想得探。

（2）小心求证

在不违背"活动安全"、"活动目的"两大原则下，协调考虑参加游戏的人、事、物等因素，设计出富有新意、具体可行、简单有效而又不至于荒唐、危险的游戏。

5. 创新篇——开拓创新，激发潜能

这些游戏是生动、活泼、有趣的体验活动，能启发学生进行思考，并把在活动中所学到的经验用到日常生活中去，能帮助参加者突破自我、提升自我、促进个人成长。

通过一系列精心设计的游戏，去协助参加者学习如何面对挑战、如何面对个人的心理障碍。设计这些游戏活动时，要特别注意活动中的讨论环节，注意信息的及时反馈、调节，通过讨论、小组分享等方式享受成功、诉说活动的心情、感受等。

五、班级联欢会的"四忌"

一忌"拉郎配"，坚持自主性原则。有的班主任不考虑学生的个性、爱好、兴趣，指令学生参加这个小组、那个活动，其结果往往事与愿违，学生的积极性、创造性难以发挥，学生的特长亦无用武之地。自主性原则，就是学生在自愿自由的基础上，做活动的主人，自己动手动脑，自己管理自己，自己教育自己，主观能动性与专长、潜能得到发挥。

二是忌无的放矢，坚持方向性原则。有的班主任，一不考虑教育目的，二不考虑班级实际、三不考虑主客观条件，活动无目的无计划。

三忌依葫芦画瓢，坚持创造性原则。有的班主任不善于动脑筋，将别人开展课外活动的方案照搬不误。这就使课外活动的主题、内容、形式难免老面孔、多重复，机械、呆板且脱离实际。

四忌孤军作战，坚持整体性原则。

最后，要做到放手把活动交给学生。很多班主任都不敢放手让学生自己组织活动，每次活动下来，自己总是累得半死，而学生也索然无味，怨声阵阵。这是由于班主任没有考虑学生的思想心理状况，只依照自己的主观愿望行事，往往事与愿违，达不到预期的活动效果。班主任要相信学生的能力，充分发挥学生的智慧，从活动的策划、组织到开展都尽可能地交给学生，使学生感受自身的成就和价值。当然，对学生提出的但没被采纳的方案班主任要及时处理，也要进行鼓励，并建议他们积极协助活动的开展。在活动中班主任应尽量多鼓励、少批评、多指正、少指责、多参与、少旁观，发挥学生的个性才能和创造能力，调动学生的参与激情，使他们乐于开展各种班级文化活动。

【相关案例】

联欢会小游戏

联欢会中会用到一些游戏，下面是一些比较适用的小游戏，会给班级联欢会增色不少。

一、佳人何处寻

内容：因为不需要任何烦琐的准备工作，人人都可胜任，愉快、轻松尽兴，所以这个游戏，一直深受人们喜爱。每位参与者在最短的时间内，道出对方背后贴着的名字，进而联想自己背后的名字。

道具：纸，笔，透明胶带

方法:

(1)男女双方人数一样,合计10人最为恰当。

(2)事前,先在纸上写着诸如"罗密欧"、"朱丽叶";"梁山伯"与"祝英台"等佳偶的名字。

(3)将这些已写好名字的纸中的男性名字贴在男性的背后,女性名字贴在女性背后。同时,不可让所有参赛者看到彼此背后所贴的名字。

(4)一切就绪后,所有出场者,个个竭尽所能,说出他人背后的名字,然后推想自己背后的名字。倘若读出了所有人员背后的名字,就不难推出自己背后的名字了。

(5)联想出自己背后的名字后,要赶快与自己搭档的对象凑成一组,互相挽胳膊。

(6)到最后没有成对的人,就是负方。

重点:本游戏的重点,在于寻觅的过程,所以人人都应相处得宜,相互配合,以期找出彼此的最佳拍档。

二、红脸蛋

要求:口红,铅笔,积分牌。

规模:大小团队。

过程:依据参加者的人数,你可以找几个助手来帮助完成这个游戏。在游戏开始以前助手拿一个口红藏在手中或口袋里。他们假装在最后一刻加入到游戏中。这有助于他们发现站在他的旁边他们喜欢的人。所有参加者站成一条直线,肩并肩,指示他们不得转头,必须向前看。告诉他们你正在玩"红脸蛋"的游戏,并且每个人都必须重复你做的但是不能移动。给他们一个例子如,轻轻捏一下右边邻居的面颊并且说:红脸蛋。你应该站在排头。以下每个人都按照此法向下进行直到末尾。这个时候,你要偷偷地把口红擦在手上。当完成红脸蛋之后,从头开始指着鼻子说:大鼻子。还可以说:尖下巴,肥耳朵,呆脑壳。每次抹口红时不要让他们注意到。

三、泡泡糖

主持人召集若干人上台,人数最好是奇数,当大家准备好时,主持人喊"泡泡糖",大家要回应"粘什么",主持人随机想到身体的某个部位,台上的人就要两人一组互相接触主持人说的部位。比如,主持人说左脚心,那么台上的人就要两人一组把左脚心相接触。而没有找到同伴的人被淘汰出局。当台上的人数剩下偶数时,主持人要充当1人在其中,使队伍始终保持奇数人数。最后剩下的两人胜出。因为游戏并不具有技术和智力上的难度,所以在胜出人获得奖品时,还可以稍微刁难一下,比如让他站在椅子上用身体表现一个字(可以是他的名字之类)或者让他表演一个节目等。此游戏要注意,主持人喊出的身体部位要有一定的可实行性,要是不慎喊出上嘴唇,恐怕大家都得笑晕。

四、蒙眼作画

① 所有学生用眼罩将眼睛蒙上,然后分发纸和笔,每人一份。要求蒙着眼睛将他们的家或者其他指定东西画在纸上。完成后,让学生摘下眼罩欣赏自己的大作。

② 让每个人在戴上眼罩前将他们的名字写在纸的另一面。在他们完成图画后,将所有的图片挂到墙上,让学生从中挑选出他们自己画的那幅。

③ 教师用语言描述某一样东西,让学生蒙着眼睛画下他们所听到的,然后比较他们所画的图并思考,为何每个人听到是同样的描述,而画出的东西却是不同的,在工作时呢?

道具:眼罩,纸,笔

五、扮时钟

①在白板或墙壁上画一个大的时钟模型,分别将时钟的刻度标志出来;

②找三个人分别扮演时钟的秒针、分针和时针,手上拿着三种长度不一

的棍子或其他道具(代表时钟的指针)在时钟前面站成一纵列(注意是背向白板或墙壁,扮演者看不到时钟模型);

③主持人任意说出一个时刻,比如现在是3小时45分15秒,要三个分别扮演的人迅速地将代表指针的道具指向正确的位置,指示错误或指示慢的人受罚;

④可重复玩多次,亦可有一人同时扮演时钟的分针和时针,训练表演者的判断力和反应能力。

六、踏板运水接力(共48人)

1.队员:每队男女各6人共计12人,分三个小组进行接力,每小组须配置2男2女;

2.比赛流程:

(1)预备:每组第一位队员踏板一对放第一小组队员右侧;每组4位协作队员各端水一盆;

(2)裁判宣布"开始",各队第一组队员迅速将双脚分别伸入踏板脚套中,右手端协作队员递过来的水盆,左手搭前一位队员的左肩(最前面一位队员除外)前行;

(3)到达终点,将水盆中的水倒入本队的水桶后,按原方式原路返回;

(4)返回起点,队员双脚离开踏板,水盆交协作队员打水;

(5)下一组开始;

(6)最后十秒,裁判开始读秒:十、九、八……停(鸣锣)!

3.规则:

(1)比赛时间10分钟,以运送水的多少决出名次;

(2)打水可以由协作队员进行,但协作队员必须是队员,非队员不能提供任何协助;

(3)终点倒水除本人或本小组其他队员协助外,其他人员不能提供任何协助；

（4）倒水时可以双脚离开踏板；

（5）终点踏板掉头时，可以用手协助掉头，但位置应与掉头前大体相当；

（6）2男2女一组，男女队员前后踏板位置不作限制；

（7）中途倒地可以重新套上踏板端起水继续前进；

（8）某队如果第三组完成后仍有时间，可由12个队员中的任意四位队员（仍需2男2女）继续，直至10分钟时间结束裁判鸣锣收兵。

4.奖励：奖励第一名，其他队获鼓励奖。

5.道具：踏板4副；大塑料桶9个（其中4个空桶放终点，4个装满水的放起点，1个装满水的在起点处备用）；小塑料盆16个；中塑料桶一个（加水备用）；秒表一个，鼓一个；锣一面。

【案例点评】

本节案例介绍了在联欢活动中非常实用的一些小游戏：佳人何处寻、红脸蛋、泡泡糖、蒙眼作画、扮时钟、踏板运水接力、挑水接力等。联欢会的目的是能够让大家在一种轻松的集体气氛中感到快乐，所以多多运用一些集体的小游戏，既增进了同学之间的感情，又锻炼了同学们相互合作的能力。因为都是一些简单有趣的游戏，所以能够使一些性格内向、平时不愿意参加集体活动地同学也能够积极主动的参与进来。大家在活动过程中慢慢投入进来，也使班级联欢会不再是"几个人的联欢会"。

第二节　文艺演出的策划与组织

迎新生或者送别毕业生的时刻，学校都会举办全校性质的大型文艺演出。而学校每次的大型文艺演出都会让教师们非常头疼，要办好一场演出既要费心又要费力，弄得不好就会手忙脚乱，顾此失彼。有时每个节目都由自己去排练，虽然这样做可以保证节目质量，但是不能培养学生的工作能力，而且学生参与积极性不会很高。要想办好一场成功的文艺演出，应该做好以下几个方面。

首先，要做好前期的动员、宣传工作。

作为教师，要在确定演出时间前至少两个月拟订出一份各班的节目报名通知，然后由校学生会文艺部组织召开全校各班文艺委员及音乐教师会议，并把通知发到每个班文艺委员手里。会议的内容主要包括两部分，一部分主要是如何调动文艺委员的积极性，因为文艺委员是活动最基层的工作者，他们的热情与工作水平直接影响到节目的质量。第二部分就是具体落实和实施，主要包括这样一些内容：

（1）节目报名及选拔时间。

（2）报名的节目类型。

（3）每个班级的排练场所和排练时间安排。

（4）节目奖项的设置。此外节目的质量还与班主任的参与有关，所以要求校长组织召开班主任会议，要求各班主任参与演出的动员以及本班节目的安排工作等等。

其次，要抓好中期的指导和监督工作。可以让学生会文艺部在排练时间到各排练场地进行检查, 及时了解各班排练情况, 对各班的节目进行适当的指导, 文艺部长如果对节目指导有困难, 可以向音乐老师请教, 或者由老师亲自去辅导。文艺部长还要及时向老师汇报各班排练情况以及排练进度, 如果遇到有的班级排练不积极等不良情况要及时向班主任反馈, 以便及时督促解决。

第三, 要做好节目的选拔工作, 选拔工作做得如何也是演出能否成功的关键。选拔时要考虑到节目的数量、类型比例, 男女演员的比例等。

第四, 要选好主题节目。既然是学校的集体活动, 具有点题作用的学校集体节目一定是必不可少的, 这样的节目不需要多, 有一二个就够了, 但是最好能反映主题, 必须要表现出全校师生的精神面貌, 所以音乐老师必须花很大精力认真辅导。这个节目可以是合唱, 可以是集体舞蹈, 也可以是器乐合奏, 这可以根据音乐教师的特长和学校的特色来选择。

第五, 要做好节目单的编排工作。根据历年来编排的经验, 一般要掌握这样几个原则:

(1) 头尾必须有点题的学校集体节目作为开场和压台。

(2) 节目的类型或形式要穿插间隔进行, 例如歌曲类、舞蹈类、曲艺类等。

第六, 主持人的选择。一男一女、一男二女、二男二女都可以, 但是一定是男女搭配, 这样更有利于调动气氛。校园文艺演出主持人服装不宜太夸张, 要能体现青春和朝气。节目单串词的编写可以在语文老师的辅导下由主持人自己写。

第七, 舞台设计和布置。这个工作一般由学校美术老师和校总务处一起来完成, 或者请专业团体完成都可以。

第八, 舞台督场工作。为了使节目能够顺利进行, 演员在演出前必须要开个准备会, 每位演员人手一份节目单, 明确自己节目的序号。演员必

须提前三个节目到后台候场。后台要安排催场工作人员，舞台安排后勤人员，这些人员主要是负责拉幕、搬道具、最后结束放烟花等工作。

第九，渲染演出气氛。可以发放一些荧光棒给学生，剧场里把灯光熄灭，只留下舞台上的舞台光，让学生随着节目中的音乐舞动手中的银光棒，这样的效果就和演唱会一样，让孩子们和舞台上的演员一起互动，一起产生共鸣。在演出中还可以让学生为舞台上的演员献花，在节目快结束时可安排后勤工作人员放纸烟花来渲染气氛，把节目推向高潮，整台节目在烟花声中，在高质量的集体节目中结束。对于校园文艺演出如何组织，每个音乐教师都有自己不同的方法。上面所述的九大步骤粗略概括了校园文艺演出中的一些有效的方法。

【相关案例】

××学校大型文艺演出组织策划书

一、前言：一闭眼是一天，一睁眼是一天，伴随无数个岁月的消逝，我们迎着喜人的春风，踏着十年的基石，我们盼来了××××文艺汇演。希望为老师和同学的校园生活带来美好的感受与回忆。

二、活动目的：展示校园文化，丰富校园生活。

三、活动主题："感恩母校，成就未来"。

四、晚会形式及内容：节目不限、形式不限，节目新颖、经典、集多种舞台表演形式（歌曲、舞蹈、小品、合唱，乐器）融民族情、友情、师生情于一体。对关心音乐班发展和各个班的同学表示热烈的欢迎，也希望所有同学的未来一帆风顺，成就未来。

五、晚会面向对象：

（一）本次晚会以音乐班学生为主、面向全校师生。

（二）邀请学院领导、分院领导、院团委分院团总支有关负责人及辅导员老师或重要的投资赞助商。

六、晚会时间：2012年6月18号17：30~21：30

七、晚会地点：××体育馆

八、晚会组织机构：校团委

九、晚会流程：

（一）晚会前期准备

1. 由宣传部负责出4张海报，学习部出3条横幅。其中海报于演出前三天贴于公告栏或人流量较多的地方；3条条幅悬挂于艺体馆楼前和艺体馆楼内还有学校进门处。另外，宣传部干事必须定时地检查海报有否被撕毁，若被撕毁应及时补贴。宣传部负责时间通知等；负责晚会现场的影像收集、拍照等工作；接待工作由礼仪组负责；晚会所需物品的采购由财务组负责；现场气氛由学风舞台组负责；保安组负责晚会的部分后勤支援工作。

2. 选择主持人：主持人数量在4个左右。由同学或老师推荐，择优选拔气质佳、表达能力、组织能力、应变能力和责任心都强的学生，组成风格和组成方式不限。主持人用语必须经过审查。

3. 筛选晚会节目：由策划组和节目组委员会负责节目筛选，并保证节目质量，彩排时，各节目负责人带上与节目相关的磁带或CD或MP3。包括歌舞类，乐器类，舞蹈类，语言类等。另有领导嘉宾的节目展示。

4. 在晚会的前一周，节目组干事制作好节目单，（份数以所邀请的嘉宾人数为依据），节目单派发给到场嘉宾。

5. 晚会当天场地负责：包括节目负责人，场地布置负责人（宣传部），晚会幻灯片负责人，灯光负责人，音响负责人，晚会结束后清理场地负责人（全体学生会成员）等。

（二）晚会协调及进展期：

1. 本阶段主要完成节目筛选及排练，中期宣传，舞台灯光的确定，服装购买，物品购买等。

2. 节目筛选及排练：由策划组委员会负责。

3. 中期宣传：由宣传组负责，该阶段展开条幅及展板宣传。

4. 节目单确定并进行第一次彩排，第二次彩排。

5. 向其他同学分发荧光棒。

（三）晚会节目流程：

节目安排：乐器、歌曲、小品、歌曲，舞蹈等，为活跃晚会氛围，特设有奖问答和互动游戏。

1. 晚会当天上午10点前完成由宣传部、节目组、道具组等工作人员的布置会场工作，本着勤俭节约的原则，高水平、高质量圆满地做好晚会的舞台布置及服务。

2. 上午11点前完成演员的化妆及发型设计。

3. 下午1点左右进行灯光音响的彩排等。

4. 5：00——5：30，工作人员及演员吃晚餐，演员补妆。（演员就完餐补妆）

5. 6：50——7：30嘉宾入场签到，观众入场，各部门做最后演出前准备。

6. 7：30主持人宣布晚会正式开始。

（1）舞台灯光效果10秒，大型开场乐器（雄壮）。

（2）主持人登台介绍到场的领导、嘉宾。

（3）领导致辞并宣布晚会开始（名族欢快舞蹈打头），另有（乐器、小品、歌伴舞、歌曲、戏剧等）。

（4）舞台组、后勤组干事在整场晚会中做好催场工作（每个节目提前5

分钟左右让演员提前准备到舞台后台)

(5)在整场晚会中人员调动合理,要保证晚会每一项工作都有人管,都有人干,都要按要求完成。

十、各任务组主要工作安排:

1.总策划、总负责:负责确定晚会邀请的嘉宾并且及时送出请柬。

2.场务总监:负责整场晚会的监督与实施。

3.特邀指导:指导整场晚会。

4.策划委员会

节目组:晚会节目将本着"高品质、高质量、低成本"的原则,在题材、内容质量上下功夫,以确保节目的自然流畅,并使整场晚会受到观者的欢迎和好评。

(1)负责整场晚会的节目组织与保障,规定节目数量,并安排演出顺序,督促和指导各节目的编排。

(2)负责各节目的最终确定,晚会主持人的最终确定,所有节目经节目筛选后登记录用(审查日期:2012年5月10日复选并确定节目)。

(3)晚会时间预测。每个节目需要多长时间,每个板块需要多长时间,整场晚会大概在1个半小时左右。

(4)负责晚会的节目彩排,正式演出的统筹规划与实施。

(5)负责中场互动节目的策划安排。

5.保安组,后勤保障组:本着勤俭节约的原则,高水平,高质量圆满地做好晚会的后勤保障工作。

(1)负责人保管舞台道具,购买晚会所需物品,购买物品时索要发票,回来登记报账。

(2)负责晚会当时准备好会场服务物品,并接待好特邀嘉宾,准备好垃圾袋(箱),监督维护场内卫生、庆祝结束后负责打扫全场。

(3)协助其他组做好相关工作。

6.外联组

(1)负责联系商家,完成承诺给予赞助商的服务工作。

(2)联系晚会前商家并邀请其准时参加晚会。

7.宣传组:利用种种方式做好整台晚会的内外宣传工作。

(1)负责相关文件和节目单的制作与分发。

(2)负责书写主题文字和横幅、标语、展板的制作。

(3)负责安排演员媒体照相与录像等留念工作,负责晚会全记录。

8.舞台策划组:场地布置本着简洁明了、喜庆、欢快、高雅之原则,在不影响晚会整体效果的情况下,充分利用现有资源确保晚会的圆满成功。

(1)负责晚会舞台背景和舞台对联的组织、设计与策划、舞台灯光设备音响设备。

(2)负责安排音响调试工作,电脑操作工确保晚会此方面顺利进行。

(3)负责节目中舞台工作人员的安排和晚会节目中各种设备以及现场道具的撤换。

9.保安礼仪组

(1)负责晚会的保安及突发事件的处理,维护会场的秩序。

(2)负责安排礼仪人员工作,做好整个晚会的服务工作。

(3)负责晚会前后同桌和观众进出。

10.财务总监:负责所购物品的登记和账目管理。

十一、突发事件及解决:

1.预定的某个节目不能按期排完,马上换简单易排的节目,保证晚会质量。

2.晚会现场混乱,安排工作人员到观众席维持秩序。

3.麦克风发生故障,跟麦的工作人员预先准备好麦克风,随时更换。

十二、晚会后期工作：

1. 费用报销处理

2. 书面总结

十三、活动经费预算：

晚会前一周的宣传，包括海报、条幅、打印：500元

现场饮料，排练用桶装水：200元

晚会用的：200元

荧光棒，气球，拉花：500元

灯光音响：1000元

服装道具、幕布：3000元

演员工作人员工作餐：500元

晚会邀请函的制作：200元

晚会奖品，车费等其他一切不可知费用小计：500元

总计：约7200元

【案例点评】

大型文艺演出需要缜密的策划与组织。在确定了晚会的目的和主题后，要根据面向的对象的品味和要求制订演出形式和内容。规范的流程要先有一套组织机构，要保证事事有人做，但也不要冗员，要保证人人有事做。共同商讨演出流程，制订出演出预案及其突发事件应急预案。同时要明确细化每一个机构的具体职责和晚会的后期工作。活动经费的充足和合理利用也是一台文艺演出能否成功的一个重要因素，所以要对各项开支有明确的记载。大型文艺演出需要涉及的方面很多，一定要分工明确。

第三节　班级其他文艺活动的策划与组织

班级文艺活动是指学校通过健康的文化艺术娱乐活动对学生进行熏陶和教育，以发展学生的美感和健康心理品质的教育形式。班级文艺活动的开展为学生提供了自我展示的舞台，在班级文艺活动中，在学生的活动能力得到提高的同时，也陶冶了情操，发展了个性。

一、班级文艺活动的内容与形式

1. 班级文艺活动的内容

（1）与学科教学相结合。

深入挖掘学科中的文艺素材，使文艺活动以生动活泼的形式、灵活机动的安排，渗透在教育教学活动中，以帮助教师达成学习目标，培养学生的创造能力、合作意识等。

（2）与日常生活相结合。

日常生活中有许多内容可以提炼出来，成为学生开展文艺活动的内容。如花草树木、四季景色等都是学生开展文艺活动取之不尽的源泉。如春天里可以组织学生外出参观，搜集相关资料，开展关于春天的诗歌朗诵会，也可自己来写一写春天的诗，唱一唱春天的歌。学生的作品可以通过校园网、学校橱窗、班级专栏等途径予以宣传，激发学生参加文艺活动的兴趣。

（3）与节日、纪念日相结合

如与元旦相结合召开"迎新年联欢会"；与国庆节相结合开展妈我爱您"的活动；在中秋节到来之际，可以开展"中秋月儿明"的活动等。活动前应让学生自己寻找相关主题的资料,或挑选、或自编,充分发挥学生的自主创造性,设计安排活动。

(4)根据地区与学校的特点选择活动素材

每个地区都有自己的风土人情、名人轶事等。这些都可以成为丰富的教育内容。可以组织学生讲故事、编写剧本,并扮演其中的角色;创设一定的氛围,让学生在参与到这些活动的同时感受到人物的人格魅力,受到感染和熏陶。还可以挖掘学校资源,开展具有学校特色的活动,利用社团活动等演出,形成系列活动。

活动应在学生自愿参与的基础上,引导学生相互合作,共同设计、组织、安排,充分发挥学生的聪明才智,让每个学生都成为班级活动的小主人,教师则应成为学生活动的参与者、合作者、指导者。有条件的话还可以邀请家长成为班级课外辅导员,让家长也参与到班级活动中来,为学生活动的开展出谋划策,增进家长与学校的交流。

班级文艺活动不仅可以在班队活动、早会课、思想品德课上完成,也可以与各学科的时间相整合,在其他学科的课堂上进行。现阶段课程表上不再设置班队活动课,这就给班主任提出了一定的要求,要尽量地将文艺活动融合到其他学科中,还可以与综合实践活动相结合,在研究中实践,在实践后展示,内容就更加丰富了,对学生的成长所起的作用会更大。

2. 班级文艺活动的形式

文艺活动的形式也很丰富,一般来说,主要分为班级联欢会、文艺演出、集体舞和歌咏等。

班级联欢会。包括文艺晚会、生日联欢会、节日联欢会、毕业联欢会等。班级联欢会旨在培养、挖掘学生的文艺才能,给大部分学生当众表演的机会。或唱或跳或朗诵或表演,节目应由学生自己选择,激发每个学

生参与表演的兴趣。

文艺演出。文艺演出的形式是丰富多彩的,目的是锻炼学生。节目应该采取学生喜闻乐见的形式,如相声、小品、舞蹈、唱歌等。还应鼓励学生自己创作、自己排练,促进学生之间的交往与合作能力。

集体舞与歌咏。集体舞能活跃班级气氛,欢快的节奏、舒展的动作,给人以一种健康、快乐的感觉。学生比较好动,精力也很充沛,集体舞可以有效地调节学生的情绪,有益身心健康。歌咏活动也比较受学生的欢迎。教师应组织学生选择一些熟悉、易于传唱的歌曲,还可以根据一些节奏明快、朗朗上口的旋律进行重新填词,简单创作后形成新歌。

二、班级活动方案的设计与撰写

班级文艺活动方案的设计要目标明确,过程清楚,语言简洁明了。班级文艺活动方案的组成,主要分为活动的目标、活动的准备、活动的过程和活动的反思四个部分。

1. 明确的目标

每个活动的开展都有其特定的意义,有知识方面的,有能力方面的,也有情感方面的,班主任要结合学校的培养目标,针对班级学生的实际情况,根据不同年龄阶段学生文艺活动的特点,确定相关的活动目标。

2. 充分的准备

方案中要充分考虑活动的准备工作。要准备的资料从哪里去找;要准备的材料由谁去做;活动的地点安排在哪里比较合适,这些在活动前都要设计在内。此外,还要充分考虑人员的安排,尽量合理、公平,做到人人有岗位,个个有职责。

3. 具体化过程

活动地点、活动人员、活动时间、活动内容都要安排好。要切实安排好活动的顺序,哪些活动先开展,哪些活动后开展,要依据活动内容的安排做适当调整。一般来说,要循序渐进:活动量比较大、难度比较高的活动放在后面;难度比较小、比较轻松的活动放在前面。活动类别也要交叉进行。

4. 及时反思

每次活动开展后,教师都要针对活动的开展予以反思。反思学生的表现、活动的设计、活动的效果等。反思的形式也是多样的,可以是日记、个案的分析、教育故事等。

三、班级文艺活动的组织与指导

1. 积极准备,调动学生的参与热情

(1)师生共同确定主题

主题要鲜明,主题的选择既要贴近学生生活,满足学生兴趣,又要符合学校对学生发展的要求。主题可以由班主任与班干部商量确定,再经由班委会和学生共同商议;也可以是学生倡议,大家响应。

(2)人人积极寻找岗位

活动前要组织学生积极报名参与。对那些文艺骨干要提高要求,节目要精彩;对那些不经常表演的学生则要帮助他们选择适合自己的节目,鼓励他们参加。还有的学生可以参与布置教室,准备好气球、彩灯、各类装饰物品,让每个学生都能在班级活动中找到自己的位置。

(3)充分发挥学生创造力

活动形式要紧扣主题,丰富多样,内容要健康,发挥学生的积极性。活动方案的设计需要学生积极动脑,大胆创新。在排练中学生要相互交流,积极提出修改意见。班主任对活动的内容、形式要做到心中有数,要进行把关,并提出一定的要求,还可以请相关的教师、有某方面才能的家长参与指导。当学生遇到一定的问题时,教师要及时参与其中,帮助学生解决问题,保证活动的顺利进行。

（4）竞选主持人

每次活动的主持人是非常重要的，可以采取竞争上岗，轮流参与的方式。学期初就可以通过竞选，形成主持人队伍，并组织培训。每次活动的主题与节目确定之后，请学生来撰写串联词。优秀的串联词不仅要有对每个节目的精彩介绍、上下节目的串联，还要调节活动现场的气氛。比较优秀的主持人可以来帮助和指导新的主持人，逐步形成主持人梯队。

2. 适时参与，调控活动气氛

活动中遇到偶发事件，班主任要及时处理，最好要邀请副班主任或家长共同参加。如有学生在活动中发生一些意外，班主任不至于脱不开身。

活动中要避免冷场现象，要及时调控学生情绪；要安排一些互动节目，上下呼应，避免学生只是观众、看客。活动中还要对学生进行一定的纪律要求，比如注意他人的劳动，及时鼓掌，不要随意跑动，造成秩序混乱；更不要用手指指点点，大声喧哗，影响他人表演情绪。帮助学生在日常的活动中养成良好的习惯，以后在公共场所也会自觉遵守。

一般来说，活动最后要以全班性活动结束，可以是齐唱一首歌，或一起跳支舞，这样在高涨的情绪中会让学生回味无穷。活动结束后还要组织进行评价与反思。要对较好的节目、积极参与的学生予以奖励，还要引导学生反思自己在活动中的表现，为下次活动的开展积累经验。

3. 尊重学生差异，促进每个学生的发展

文艺活动中，学生是活动的主体，教师要充分认识到学生的差异，发挥学生的特长，尽量多提供一些岗位，也可以进行岗位轮换，给每个学生动口、动手、动脑的锻炼机会。对参与到活动中来的学生，教师要给予充分的尊重，要信任学生、激发学生参与的信心与勇气。对不同层次的学生要提出不同的要求，只要能达到这样的要求，就是成功的。

在班级中多开展适合本班特点的文艺活动,能增强班集体的凝聚力和向心力。班集体扎根的土壤是多姿多彩的班级生活,节日联欢、文艺演出、歌咏比赛……这些让我们的班级活动充满生机和活力,充满乐趣和温暖。学生参与其中,感到愉悦的同时,也会受到教育,思想境界得以提升,个性得以张扬,集体荣誉感增强。

【相关案例】

教师节诗歌朗诵比赛方案

2010年9月10日是我国第26个教师节,为弘扬新时期人民教师的高尚师德,增强从事教育事业的光荣感、责任感和使命感,进一步营造尊师重教的良好氛围,搞好教师节庆祝活动,拟举办诗歌朗诵比赛,具体方案如下:

主办单位:xx市xx中学校

承办部门:初二学年组、初二语文组、初二学年团总支部

大赛评委:由初二语文组老师担任

参赛对象:全体学生

大赛主题:红烛心,绿叶情

一、活动流程

第一阶段:宣传阶段

本次比赛通过召开班长会议,由班长在各个班进行宣传发动,由班长和团支书落实报名,筹备,学生会总协调。

第二阶段:各年级组织初赛

(一)选手要求

1.形象健康、举止自然、端庄,能体现当代学生的良好风貌。

2.吐字清晰,普通话标准,能很好把握朗诵节奏。

3. 具备较强的朗诵能力。

（二）各班级按要求自行进行初赛、并推选优秀选手参加总决赛。

第三阶段：各班级优胜选手总决赛

（一）比赛环节

1. 时间：诗歌朗诵，时间约5分钟。

2. 选材：内容要表达我们对辛勤培育我们的老师最崇高的敬意和最诚挚的节日祝福。

3. 时限：朗诵选手可以朗诵一首诗词，朗诵时间约2~4分钟。

4. 配乐：朗诵诗歌可以配乐，但以纯音乐为背景，音乐与诗歌应相协调，可以自带光碟或自己配乐，或他人伴奏。

5. 参赛选手原则上要求脱稿朗诵。

（二）评分标准

1. 作品主题鲜明突出，内容积极向上。 10分

2. 衣着得体，与诗歌内容相协调。 5分

3. 精神饱满，姿态得体大方。 5分

4. 感情饱满真挚，表达自然，能通过表情的变化反映诗歌的内涵。 20分

5. 朗诵熟练，声音洪亮。 10分

6. 吐字清晰，普通话标准，能很好把握诗歌节奏。 20分

7. 能正确把握诗歌内容，朗诵富有韵味和表现力，能与观众产生共鸣。 20分

8. 朗诵形式富有创意，配以适当乐曲或以其他富有创意形式朗诵。 10分

二、奖项设置

决赛选出的选手按分数的高低设置：一等奖一名，二等奖两名，三等奖

三名,优秀奖若干名。

1.报名方式:每班学生以班为单位报名,由班长和团支书汇总,每班限报两名学生(可只报一名或者不报),并把名单在2010年9月6日即星期一前交到高二语文组。

2.报名时间: 2010年9月3日(星期五)

3.上报决赛诗歌及配乐内容的时间:比赛时自带

4.比赛时间: 2010年9月8日

5.比赛地点:会议室

6.大赛主要负责人 :初一语文组

女:追逐着光阴的翅膀,今天,我们走近温暖的烛光,拥抱着花与果的芳香,今天,我们来倾听绿叶的吟唱;是谁,彻夜燃烧自己,迎来黎明的曙光?是谁,谱写出满园绿色,托起枝头的辉煌?

男:是老师,用心血铺就一条条大路,让我们奔赴理想,是老师,引导我们一步步走进智慧的殿堂。

女:浓荫覆地擎天树,枝繁叶茂根千尺。百川入海终有源,尊师重教是共识。教书育人师为本,爱教乐教是天职! 春晖普照满神州,英才辈出美如诗!

男:今天,我们满怀仰慕和感激,迎接第26个教师节的到来。在这里,我代表全体学生向所有的老师,由衷地道一声:老师,您好! 老师,您辛苦了!

女:庆祝教师节诗歌朗诵会现在开始。

(活动过程略)

结束部分:

男:多少年来,

回想您的眼神,

一直伫立在我们的身后。

岁月渐渐老去，

回想您的笑容，

却依然灿烂在我们的心头。

想您每一丝黑发，

都为我们染上霜雪，

想您每一道皱纹，

都像是岁月给您画上的一个个对勾。

女：亲爱的老师，

我们知道，

任何语言，

都不足以表达一份崇敬。

我们懂得，

任何财富，

都不能把如此渊博的爱心拥有。

男：我知道，

在您面前任何回报都显得苍白，

那就让我们把一颗颗红心，

像您一样传承在每一个金秋。

合：请清风，

捎回我们深深的祝福；

请归雁，

带回我们永远永远的问候。

此时此刻，

心中依旧涌起一袭袭暖流。

亲爱的老师，

此时此刻，

我们再请您批阅我们人生的答卷。

·   此时此刻，

您千万个学生，

同时向您敬礼。（全体起立，向我们敬爱的老师献上我们诚挚的节日祝福，敬礼！）

请领导总结本次活动。

【案例点评】

诗歌朗诵是班级活动的一个重要形式，也是老师和学生喜闻乐见的文艺活动之一。先在各个班级组织宣传，班长组织同学踊跃报名，老师可在时间、选材、配乐上进行指导。年组初赛、复赛，严格按照评分标准进行打分，评出一二三等奖。诗歌朗诵活动的组织并不复杂，在组织上也基本有较为成熟的规范。而且在激发同学们对诗歌热爱的同时锻炼了同学们的口语表达能力、在台上的舞台表现能力等，在丰富了课余生活的同时，培养了他们的自信。

第六章　中学班级体育活动

　　体育活动是学校教育工作的一个重要组成部分,也是培养德智体美全面发展人才的必不可少的重要内容。作为管理班级工作的班主任,为了增强学生体质,促进学生身心的健康发展,应该把体育运动看成是向学生进行思想品德教育的重要内容和手段。

　　既然班级的体育教学工作离不开班主任对学生的正确引导,班主任就不应把班级的体育活动仅仅理解为只是增强学生体质、学生身体得到锻炼就可以了。在全面推进素质教育的今天,班主任在管理班级的各项工作的同时,应做好体育活动的管理,经常开展班级体育运动,努力做好对学生进行思想品德和心理素质等方面的教育和培养,使班级体育活动在学校德育工作中发挥更大的作用。

第一节　"三操"的策划与组织

　　传统的两操指课间操(广播操)、眼保健操。长期以来,学生就在这样的活动中,单调地循环着。一日新,二日陈,三日腻,学生越做越无劲,越做越乏味,甚至做操时都睡了。如何让学生越做越新鲜,越做越有味,越做越有活力,如何在短暂的课间让学生的身心得到充分地放松,让学生的生命活力得到充分的展现,成为困惑全体体育教师,乃至每所学校的难题。不少学校认为体育是小科、是副课,没有给予足够的重视。而从关心学生终生发展的角度出发,应确立"健康第一"的指导思想,提出为祖国健康工作50年的口号。强健的身体是今后工作、学习、奋斗、生活的基础。在体育教育方面,首先从常规的一日"三操"抓起,抓常规,促发展,以改革求实效。"三操"是指早操、眼保健操和课间操,它是一所学校精神面貌的再现,为了使同学们精神饱满、整体划一,有良好的精神面貌状态投入到学校生活中,养成合乎《中学生日常行为规范》的要求。

一、早操——民族传统的体现

清晨空气新鲜,早操能增加氧的摄入量促进新陈代谢,提高机体的适应能力和健康水平,尤其能使经一夜睡眠仍处于"抑制"状态的神经系统迅速动员起来,达到适宜的兴奋程度。所以,早晨全体同学以班级为单位进行分操锻炼,在音乐的伴奏下打太极拳,让学生在感受中国民族传统文化韵味的同时掌握一个可以终生参与、终生受益的体育项目,也让终日忙碌、身心疲惫的教师远离疾病、怡神养性。某中学在太极拳练习之初,在校内引发了中学生练习太极拳是否有悖学生身心发展的讨论。当讨论还没有一个统一的结果时,全校师生都能打一套娴熟洒脱的太极拳却已成为校园里一道独特的风景线。许多高年级学生纷纷表示,太极文化独特的艺术魅力及拳法招式里的朴素哲学内涵很值得玩味。教师在欣喜之余,也认为此举为儒雅学风,书香校园的形成增益良多。喜武、爱武是孩子的天性,也是我们民族的传统文化。太极拳以柔克刚,四两拨千斤的神奇,令学生神往。学生喜太极,爱太极,练太极,蔚然成风。该校体育老师打,校长打,全体教师打,全体学生打。老师们早上打,课间打,课余打,学生之间、教师之间互相切磋,共同提高,把校园真正建成了乐

园。

还可以开展多层次的比赛活动：领导与教师比赛，教师与教师比赛，年级与年级之间比赛，班级与班级之间比赛，学生与学生之间比赛。这可以有效地促进太极拳、太极文化在学校的传播和发展。

太极拳中蕴藏着博大精深的传统文化，动中有静，静中有动。太极拳的优美武（舞）姿，以及搭配的舒缓音乐，让学生在刚柔并济中，感爱美，理解美。学生既受到了传统文化的熏陶，又得到美的享受。

最好的教育是一种终身的教育，最好的锻炼是一种终身锻炼。太极文化作为中国传统文化的精髓，我们在传承、领会的过程中，在教育层面上，把它作为培养全面发展的人的一个重要的支点。

二、大课间——体育锻炼的新天地

大课间体育活动是近几年在课间操基础上发展和创造的一种学校体育新的组织形式。与课间操相比，大课间体育活动时间长，活动内容多，组织形式活，练习强度适宜，它不仅可以对学生紧张的学习起到调剂作用，而且对促进学生身心健康有明显的实效。它也符合"确保学生每天一小时体育活动的时间"的学校体育工作条例。

学校开展大课间体育活动，时间是首要的问题。时间的长短会直接影响到活动内容的安排和运动量的大小。因此，多长时间适宜，多长时间范畴内既能真正对学生身心健康起到促进作用，又不至于影响下一堂课的学习，这一直是体育教师在实践中努力探索的问题之一。例如，内蒙古赤峰市把课间操改为间操课，每天上课40分钟，并把课间操排在课程表中，这是一种很好的模式。而全国大部分地区开展大课间体育活动的时间在25—30分钟。有资料显示，开展大课间体育活动最好在上午第二节课与第三节课间这一时段最好。因为这一时段开展大课间体育活动可以很好地调节学生的精神状态，消除学习的疲劳，提高下堂课学习的效果；

有的学校还在下午开展大课间操,大部分都集中在下午第二节课后。这样上、下午各30分钟加起来是一个小时的活动时间,保证了学生每天一小时的锻炼时间。同时也要注意大课间活动中项目、内容安排的合理性,要随季节的变化、场地的变化及时地改变。尽量把活动内容与项目搭配得合理一些。另外,我们要不断吸收、添置新的活动器材,充实活动内容,还要经常不断要求各班及时更新损坏的活动器材,保证大课间活动的物质需求。也就是说要调动学校、班级、个人三个方面的积极性,才能把大课间活动搞得更规范、更富有活力,更符合课间操改革的初衷。

三、眼保健操——保护青春的视线

下午两节课后,全校同学在自己座位上随着优美的音乐和节奏做眼保健操。

眼睛是人体重要的器官之一,青少年是祖国的未来,是建设祖国的后备力量,他们的视力如何,不但会影响在校学习,还会影响今后的工作、生活。

青少年的眼睛和神经系统都还没有发育成熟,入学后,眼睛开始近距离工作,而且随着课程的不断增加,眼睛负担逐渐加重,长时间地集中注意力,就容易产生疲劳,在这种情况下,如果用眼过度,眼睛处于紧张调节状态,长期下去,视力就会减退形成近视眼。

根据调查,由于看书姿势不正确,距离太近,持续看书时间过长,躺在床上看书、走路、坐车看书等不良习惯而造成的近视眼约占76.5%,由于照明不良约占16.4%,保护视力预防近视加强体育锻炼,坚持做眼保健操,使眼部的神经得到放松,通过缓慢柔和的刺激增强眼部的血液循环,改善眼睛局部的营养,运走眼内长时间工作而积聚的代谢产物,调整眼内平衡,使其恢复正常的生理机能,天天坚持做眼健操对于预防近视有着重要的作用。在操作层面上,许多学校,存在形式主义的倾向,眼保

健操的推行不够日常化、经常化，效果当然也就说不上了，甚至还存在做操穴位按摩错误的现象，所以学校一定要把眼保健操列入常规考评，按时检查督促，确保实效。

一日三操，重点在整合，目标在协调。我们应基于营造文明健美、和谐活泼的校园文化氛围，以生活化的体育构建健康型的生活，以常规化的模式实现长效化的体育，在生活中运动，在运动中育人。

总之，我们提出的学校三操改革，是使学校课间活动多样化、活动空间扩大化，时间增多，内容丰富多彩。让学生在活动中更加强壮，在活动中更加健康，在活动中更加快乐。

【相关案例】

2011年××学校"三操"活动实施方案

"三操"（早操、上下午课间操）是学校体育活动的重要组成部分，为了增强学生身体素质，提升学生整体形象和精神面貌，特制订本方案，学校师生应严格遵照执行。

一、指导思想

贯彻德、智、体、技、劳全面发展的教育方针，面向全体学生，坚持对学生在校全过程的体育锻炼，促进学生身心全面发展。

二、活动口号

健康第一，我运动、我健康、我快乐。

三、组织机构

组　长：×××

成　员：学生科全体成员、生活老师、各班班主任

四、活动安排

（一）早操

1. 起床铃响后，要在十分钟内起床、洗漱，理完床铺后，到指定的出操地点集合。并在一分钟内整理好队伍。

2. 学生应穿运动鞋上操，禁止穿高跟鞋、皮鞋或拖鞋。有运动服的学生，尽可能穿运动服上操。

3. 出操时跑操方阵应为六路纵队。要求列队整齐，步伐一致，声音洪亮。同时为了节约时间，又能检查出缺操的同学，各班每个小组学生站队位置应固定不变。

4. 各班早操考勤，以开始集队时的人数为准。为了方便学校管理，各班应按时出操，不得提前或落后，早操时间应为20分钟，运动量要够，要达到锻炼目的。

5. 保证出操人数。凡在校住宿学生必须出早操，各班出早操的人数是固定的，如果因事、因病不能出操，需有班主任的假条，坚决杜绝学生口头请假、捎假的现象。

6. 保证出操质量。做操要规范，到位，严肃、认真。出操期间，严禁肩上背包，手中拿东西，说笑，打闹等妨碍出操的行为。

（二）课间操

1. 为培养学生的组织纪律性，课间操时各班应先到指定地点集队，然后跑步入场。

2. 各班队伍进入跑操方阵和回到集合方阵要求保持安静，行动迅速，思想集中。做到"快、静、齐"。

3. 保证出操人数，要求所有同学都积极参与，如果因事、因病不能出操，需有班主任的假条，坚决杜绝学生口头请假、捎假的现象。

4. 要求每一圈都要有各班的特色口号；口号响亮；口号有特色。

5. 领操员口令正确、响亮，指挥得当。

6.步调一致,听从指挥,节奏感强,排面整齐,速度适中,动作准确。

7.结束时必须有序跑步出场,并有组织地解散。

(三)眼保健操

1.眼保健操时间,学生不得走出教室。在上课教师、体育、卫生委员的组织下做操。

2.手指要清洁,指甲要常剪,按揉穴位要准确,手法要适当,持之以恒。

五、活动要求

(一)"三操"的要求

1.全体同学必须积极参加"三操"活动,不迟到,不缺旷,有病有事要请假。

2.走路行进要队列整齐,间隔适当,走直路、拐直弯;跑操要步伐一致,队列整齐,呼号响亮,符合零距离跑步要求。做广播操要队列整齐,精神状态饱满,动作规范有力。

3.为了保证"三操"按时进行,上第二节、第五节课的教师要按时下课,负责组织。

4.生活老师要按时到早操、班主任要按时到课间操、眼保健操现场做好指导和监督。

(二)"三操"的考核

1."三操"由学校值班领导、学生科、学生会干部进行考核。

2.考核内容,包括出勤人数,队列队形,跑操、做操质量,精神面貌,班主任、体育教师到位等五个方面。考核结果纳入学生科对各科室的月综合考核。

3.对表现好的班级,及时给予表彰。对"三操"中出现的问题,及时反馈、整改。对违反"三操"规定的学生,给予批评教育,情节严重的给予纪律处分。

附：扣分细则

1. 各班从整队出教室进入场地，跑操或做操结束到指定地点解散，队伍整齐，保持安静，力求做到"快、齐、静"，不按要求的班级每发现一次扣1—2分。

2. 各班学生要全部出操，无故或请假不参加"三操"的学生，每一人次扣0.5分。因特殊体质或长期病假不能参加"三操"的学生需向学生科申报。

3. 做操动作规范，跑操步伐整齐，队列队形整齐划一，每发现不合格一次扣1—2分。

4. 领操员管理督促到位，队伍呼号响亮，精神状态饱满，每发现不合格一次扣1分。

5. 无故不参加"三操"的班级本次量化记-5分。

6. 班主任及时到位，指导督促学生上好"三操"（学生科抽查），缺勤或到位不及时一次扣1分（已履行请假手续或公差除外）。

说明：

1. 学生会文体部具体检查，当天汇总各班得分，汇总后交学生科。学生科每月一次统计反馈至各专业科室。

2. 当月考核结果将纳入专业科目综合考核。

【案例点评】

为了提高学生的身体素质，学校在"三操"的组织上颇下功夫。确定组织机构和活动口号可以更提升活动的重要性。制订了详细的活动安排：出操的时间、着装、人数、队列的排列、考核原则、扣分标准等，使老师和同学在制度上明确了"三操"的重要性，按照规范严格要求自己。

第二节　课外体育活动的策划与组织

课外体育活动是相对于体育课而言的。它是指学生利用课余时间参与的，以锻炼身体、愉悦身心为目的的体育活动。课外体育活动作为体育课的补充，学校体育的组成部分和教育的手段，已有近百年的历史，在世界上已成为一种教育制度，且在内容和形式上都有新的发展。课外体育活动有健身性活动和竞技性活动之分：健身性活动是自觉地和创造性地按规则完成，它不仅对身体的发展有很大的意义，而且对智能的发展也有重要的影响，可以使参与的学生认识周围环境，发展思维，培养主动性、创造性，在克服困难中养成集体主义品质。

竞技性活动比较复杂，活动的人数和规则都有严格的规定，参与者要根据规则斗智、斗勇；竞技性活动是健身性活动发展的高级形式。

一、课外体育活动沿革

在我国，课外体育活动一直受到重视。1951年7月，政务院《关于改善各级学校学生健康状况的决定》中规定："学生每日体育、娱乐活动或生产劳动时间，除体育课及晨操或课间活动外，以1小时至1小时半为原则。"1954年颁布实施的《准备劳动与卫国体育制度》进一步促进了课外体育活动的开展。同年8月，国务院批转了教育部、国家体委、卫生部《关于中小学生的健康状况和改进学校体育、卫生工作的报告》，报告中要求学校体育面向广大学生，首先上好每周两节体育课，同时坚持做早操和课间操，安排好每周两次班级课外体育活动。在广泛开展群众性体育活动的基础上，适当组织学生参加运动竞赛，有条件的学校开始试行《青少年体育锻炼标准》。1979年10月，教育部和国家体委联合颁发了《中小学体育工作暂行规定（试行草案）》，在总则中把指导学生锻炼身体、增强体质、学会科学锻炼身体的方法、养成经常锻炼身体的习惯作为学校体育的任务，并把群众体育活动开展的状况，通过《国家体育锻炼标准》的人数、学生的健康状况等作为评定学校体育工作的标准。另外，还对课外体育活动作了具体规定。1982年，教育部又发出了《关于保证中小学生每天有1小时体育活动的通知》。1992年2月，国家教委颁布实施了《学校体育工作条例》。这一系列文件为学校体育的发展指明了方向，确立了课外体育活动的地位和意义，促进了课外体育活动的开展。

二、课外体育活动的特点

课外体育活动作为学校体育的组织形式之一，有着自身的特点。认识课外体育活动的特点对于课外体育活动的开展有着重要的意义。课外体育活动的特点如下：

1. 规定参与和自愿参与相结合

课外体育活动中，有些内容要求学生必须参加，比如早操、课间操和班级组织的集体锻炼等；有些则是由学生自己决定参加与否，比如课余其他时间的活动。有些虽然必须参加，但内容上学生又可自愿选择。在组织课外体育活动时，既要有一些规定性的要求，又要给学生自由参与留有余地。既不能限制过死，又不能完全放任自流。

2. 活动内容的多样化

课外体育活动的内容没有硬性规定，远远超出了体育教学大纲规定的范围，不受教学大纲的限制。从学生自发地游戏、郊游，到正式运动项目及其比赛，凡是能用于身心锻炼与娱乐的体育手段，都可以作为课外体育活动的内容。

3. 组织形式的灵活性

课外体育活动的组织形式没有严格规定,可以是全校的、年级的,也可以是班级的、小组的、个人的;可以是正式组织的,也可以是非正式组织的。

4. 空间领域的广泛性

课外体育活动中,学生活动的空间范围更为广阔。既可以在校园内,又可以在校园外;既可以在室外,也可以在室内;既可以在操场,也可以在教室;即可以在公共体育场所,也可以在大自然中。这种空间领域的广阔性,为学生提供了多样的教育环境和丰富的教育资源。

5. 自主选择性

课外体育活动内容的多样性、组织形式的灵活性和空间领域的广阔性,为学生的自主选择提供了必要的条件。学生可以在自己喜欢的环境中,采用自我喜欢的方式和自己喜爱的手段从事体育活动,从而感受到自我的存在、发展和价值。

课外体育活动的基本组织形式包括早操、课间操、班级体育锻炼、野外活动、学校运动竞赛和课余运动训练等。

三、课外体育活动方案的设计

课外体育活动方案应由以下几个方面组成:活动的名称;活动的目的;活动的准备;活动的方法;活动的规则;注意事项等等。

1. 活动的名称

活动名称的确定,要有教育意义。活动的名称应该生动、直观、形象。除根据活动的内容外,还应该根据参与学生的年龄特征和知识水平而定,不应超出他们所具有的知识范围。

2. 活动的目的

根据课外活动的方法与内容,指出重点发展的某项身体素质,或是提高生活技能、劳动技能、健身和康复的效果。通过课外体育竞赛活动，还要指出本活动的教育作用，如培养参与者较强的竞争意识、吃苦精神、战术观念、道德规范和良好的心理素质等。

3. 活动的准备

活动的准备是为了顺利而有成效地进行活动。准备工作充分与否在一定程度上关系着活动是否能够正常进行。准备工作应包括场地的位置、对性的排列、教具的分配、分发器材的方法、器材的安置分布等。活动的场地一般是在学校的运动场、公园平坦的草地上、校外风景优美的空地上进行。另外，在体育馆、体操馆、大厅或走廊亦可进行。所需场地的大小，根据参与学生的人数多少和其他条件而定。课外体育活动并无固定的设备，在器材和用具方面，除尽可能利用其他运动器材设备外，还可以制作一些专用的器具，如彩带、小皮球、木棒、火棒、小圆木柱、接力棒、绳索、沙袋球、画线器等。场地、器材在活动前应做好准备。

4. 活动的方法

活动方法是活动过程中的主要部分，应该清楚明白地用文字把活动从开始到结束这一过程表述出来，以利于活动顺利进行。

5. 活动的规则

规则的制订，是为了保证课外体育活动顺利进行，另一方面也可以防止出现粗野行为，培养学生守纪律的精神和道德品质。活动的规则有简有繁。规则的简繁主要是根据学生的年龄、身体状况、场地、器材的情况和训练水平而制订的。活动的规则应力求简单、具体、明确，规则条文的多少，应视学生的水平而定。参与的学生必须严格遵守活动规则，但规则的制订，要使参与的学生在活动过程中不受阻碍地、更好地发挥他们的技能和智能。

6. 注意事项

一般应包括组织教师和参与的学生两方面,但主要的还是组织教师,因为他们是活动进行的领导者。组织教师在活动的组织上、方法上采取的一切有效措施,都应包括在内。比如提示参与的学生在活动规则允许的条件下,应采取的战术和措施。集体接力项目如何进行人员搭配,根据本活动特点如何重点做好准备工作、赛前的训练准备、比赛时的服装及动作要领等。

四、课外体育活动的组织与实施

(一)班级体育活动的组织

1. 组织课外体育活动,要符合全面发展的教育方针

要通过活动培养学生爱祖国、爱人民、爱劳动、爱科学、爱护公共财物等优良品质,以及机智、勇敢、灵敏、果断、友爱、活泼、愉快、生气勃勃、勇于克服困难的精神。

2. 组织课外体育活动要能促进人体全面发育

要通过活动掌握各种必需的活动技能,并使初步掌握的技能得到巩固和提高,同时促进身体各部分正常协调发展,增强体质。在实际活动中,应注意纠正各种不正确的姿势,防止身体畸形发展。

3. 组织课外体育活动应符合卫生要求

首先活动最好在空气新鲜、日光充足的户外进行,这能更加有效地促进身体健康。同时,活动的场地、器材设备都应符合卫生要求。

4. 组织课外体育活动要符合年龄特征

选择的活动必须与学生年龄增长所引起的生理和心理发展变化相适应。

5. 组织课外体育活动其运动量要适度

根据学生年龄的不同需要,灵活确定距离、次数。另一方面,还应有

意识地选择活动项目以调节运动量,调节运动量是为了更有益于健康。

(二)课外体育活动实施要点

1. 竞技性课外体育活动

参赛学生有性别、年龄、人数的要求,按照统一的活动方法与活动规则进行比赛与计分,最后决出名次。

2. 娱乐性课外体育活动

参赛人数没有严格规定,也没有严格的活动规则,只要参与的学生玩得高兴就可以了。

3. 健身性课外体育活动

以田径运动中的走、跑、跳、投四种运动形式为主,加上体操、球类、水、冰等基本运动形式,或加上学生生活技能、劳动技能的运动方式进行活动。因此,能有效地提高学生健康水平、增强体质。

在课外体育活动的实施中,教师要依据实施计划准备好场地和器材,考虑好参与学生的分组及在场地上的队形和站位、裁判员的站位、活动方法及规则,要有利于激发学生竞争中的情绪。首先要向参与的学生讲清活动的名称、活动的目的意义、然后讲述活动方法与活动规则、计分与奖励办法、注意事项。讲述时要语言逻辑性强并突出活动方法及规则的重点难点,接着将体育活动方法进行一次完整的示范,等裁判员站位后,给参与的学生约2~3分钟准备的时间,然后组织教师实施活动。

五、课外体育活动的管理要点

1. 建立课外体育活动管理网络,提高管理效能

课外体育活动参与的人员多、工作量大,仅靠体育教师的努力是很难做好的。因此,必须建立一个有效领导及有关部门人员共同参与管理的课外活动管理网络,以加强课外活动的管理效能。根据学校的情况,建立了由负责学生管理工作的副校长主管,学生科负责检查督促,体育教研组组

织实施，班主任、学生会体育部配合管理的课外体育活动管理体系。

2. 精选课外体育活动项目，保证活动质量

体育活动项目多、内容广，在选择活动项目时，综合考虑了以下几点：

（1）与体育教学内容和体育竞赛项目紧密结合。选择与体育课、学校体育竞争项目有关的活动内容，即使体育教学和课外活动能相互促进，又使课外活动和运动训练、竞赛紧密结合，如田径和篮、排、足球等运动项目，既是目前体育教学的主要内容，又是经常开展的体育竞赛项目，因此，可将这些项目作为课外体育活动的选择内容。

（2）群体性和调节性。选择以身体活动为主，并能使较多人参加活动的项目，使学生在紧张的学习之后能得到及时的调整和放松。

（3）兴趣性。选择与学生兴趣相一致、有助于学生身心发展的项目，使学生能积极主动地参与活动。

（4）季节性。选择与季节、气候相吻合的项目，便于活动的组织和开展。如在冬天，可选择拔河、长跑等项目。

（5）补充性。一些没有纳入体育教学计划，但易于组织竞赛或有利于终身锻炼的项目应作为选择的内容。如健美操、太极拳、保健气功等。

3. 开展体育竞赛，提高活动质量

体育竞赛是课外体育活动的一种重要形式。通过竞赛，学生的锻炼效果和运动才能可以在比赛中得以充分表现和发挥。因此，为了有效地促使课外体育活动的广泛开展和活动质量的不断提高，在组织体育竞赛时应注意：

（1）竞赛活动制度化、多样化。把各项体育竞赛活动合理分配在全年的各个时期，定期举行竞赛活动，并要求学生每年每人最少必须参加两个项目的比赛，以保证参与活动人员的普遍性。

（2）竞赛过程规范化。课外体育竞赛，不仅是一个促进学生参与锻炼的过程，也是一个组织竞赛的示范教学过程。因此，要使竞赛过程规范化、科学化，让学生在参加活动的同时学到竞赛的组织方法。

（3）以竞赛促提高。在课外体育竞赛中，学生需要了解和学习更多的有关竞赛组织与运动技、战术等运动常识。对此采用专题讲座和专项辅导的形式，在赛前对比赛项目的技、战术及有关知识进行专题讲解和辅导，并在竞赛过程中设立"体育运动知识咨询"，由教师来解答有关问题，有效地普及体育知识，以促进课外体育活动水平的提高。

4. 建立活动质量评价体系，发挥导向激励效应

（1）确立课外活动管理目标。根据课外活动的目的任务和管理评价的需要，建立一系列课外活动管理制度，如"课外体育活动辅导制度"、"达标实施制度"、"运动竞赛制度"等。这些制度的贯彻实施，能激发学生积极参加课外锻炼。

（2）实施课外体育活动质量评价。根据课文活动的管理目标，对活动的过程和结果进行检查和考评，借以对活动进行调控，从而保证课外活动优质高效地开展。

由学生科、体育组和班主任、值周教师、学生会体育部共同组成考勤和检查评比组，对各班学生参加课外活动的人数、活动情况进行检查；对在学校组织的运动竞赛中取得名次学生的运动技能状况进行评价；对各班学生的"达标"情况进行统计、对比；根据学生的健康卡片，对各班学生的身体机能情况进行评价。对这些评价结果利用板报、通讯等形式及时进行公布，并在期末对各班的课外体育活动情况进行综合性评价，并作为有关表彰与奖励的依据。

（3）发挥表彰的激励效应。表彰与奖励对于学生积极参加锻炼有较强的激励效应。因此，每年都根据综合性评价的结果，评选出"体育锻炼

的先进班级"，并给予表彰、奖励；对在"达标"活动中，连续两年以上达到优秀标准者，或在体育比赛中取得好成绩的个人进行表彰、奖励；把学生的体育课成绩及参加各项体育活动总体情况与评比"三好学生"、优秀干部，评定奖学金及毕业分配等挂起钩来，评选"活动组织优秀奖"，对组织活动有新意、效果好的组织给予奖励。

5. 改善活动条件，促进活动开展

在开展课外体育活动中，器材的不足和场地条件的限制，是阻碍课外体育活动广泛开展的一个主要因素。日本的一个学者曾做过一个实验，他仅仅增加了跳远沙坑的数量，而没有增加课的时数和进行另外的辅导，一段时间以后，学生的跳远成绩自然而然地提高了。这是改善活动条件以后，满足了更多学生参加活动所产生的积极效应。先后修建了田径场、足球场，整修了篮球场、排球场、体操练习场地，增加了力量练习器械等一系列教学训练器材，进一步促进了体育教学水平的提高和课外体育活动的开展。

【相关案例】

××市第八中学课外体育活动计划

一、指导思想

积极贯彻"健康第一"、"每天锻炼一小时，健康工作五十年，幸福生活一辈子"的现代健康理念，以全面实施《学生体质健康标准》，大力推进体育大课间活动为重点。

二、工作目标

逐步完善学校的体育器材和基础设施建设，丰富课内外体育活动内容，使学生每天在校锻炼一小时的时间得到保证，让每天的体育运动和锻炼成为学生的自觉行动和行为习惯，促进学生体质健康和各方面的全面发展，实现学生活泼快乐、健康成长。

三、工作内容

1. 加强宣传、营造氛围。大力营造活动氛围。充分利用升旗、知识竞赛、校园广播站、班会、团会、宣传画、征文、标语等形式，使广大师生深入了解"体育运动"的重要意义。使"健康第一"、"达标争优、强健体魄"、"每天锻炼一小时，健康工作五十年，幸福生活一辈子"等口号深入人心。开展"致家长一封信"活动，使"体育运动"深入到校外教育和家庭教育中。同时，发挥新闻媒体的宣传作用，及时宣传、报道学校的"体育运动"的开展情况，促进活动深入持久、扎实有效地开展下去。

2. 完善校园体育基础设施建设。严格执行国家《体育器材配备标准》，增加体育 器材的数量和品种，配全、配齐体育器材，规范器材的使用制度，加快发展适合学生年龄特点的体育基础设施建设。

3. 保证体育教师的数量和质量，开齐开足并上好体育课。学校应按照《学校体育工作条例》有关学校体育教师配备的要求，结合《义务教育课程设置实施方案》和初中体育与健康课时比例提高的实际，科学核定体育教师的工作量，保证学校体育教师编制的数额。防止因缺少体育教师而削减体育课课时的现象。必须严格按照《教育部关于落实保证中小学生每天体育活动时间的意见》和新《课程标准》的要求，开齐开足体育课（体育与健康）课时，全面提升体育教学的质量和水平。

4. 开展丰富多彩的体育活动，激发学生的兴趣

（1）不断丰富大课间体育活动组织形式和活动内容，科学合理地安排运动负荷。注重开展群众性的文体活动，面向全体学生，遵循教育规律和学生身心发展特点，本着实践与研究相结合、普及与提高相结合、校内与校外相结合、统一与灵活相结合的原则，在创新活动形式、丰富活动内容上下功夫。

（2）每年要至少组织一次大型体育活动，如大型田径运动会等；每月要组织一次小型的体育比赛，如篮球、排球、足球、跳绳、拔河、踢毽子等项目及趣味性游戏等。要基本实现面向全体，以发展体能为主体，突出趣味竞技性。鼓励以班级、年级为单位开展"一项特色的体育活动"，培养青少年学生树立终身锻炼的意识，进而达到"幸福生活一辈子"的目标。

（3）对学生进行民族传统体育教育，弘扬民族体育文化，丰富体育活动形式。

（4）精心设计各种活动，推动学校体育工作上层次、上水平。坚持经常性的常规活动。

（5）创建特色体育活动第二课堂，成立校内田径队、篮球队等，保证每个学生每天有一小时的体育锻炼时间，帮助每位学生掌握"至少2项日常锻炼，终身受益的体育技能"，形成良好的体育锻炼习惯，促进体质健康水平切实得到提高。

5.加强学生体质健康的评价。以全面实施《学生体质健康标准》为基础，建立和完善《学生体质健康标准》测试结果记录体系，测试成绩要记入学生档案。同时，建立《学生体质健康标准》通报制度，及时把学生的体质健康状况反馈给家长，对学生的体质状况的差异提出好的解决方法，督促学生积极参与体育锻炼。按照要求完成《学生体质健康标准》的测试和数据上报工作。

四、组织领导

成立"领导小组"，以保证学校体卫工作顺利开展。

五、工作要求

1.加强活动的统一领导，建立组织机构，明确分工、细化责任，动员和号召学生积极参与学校体育运动，班主任、体育教师、学生会要成为体育运动的组织者和推动者。

2.合理安排时间，保证学生的学习和体育锻炼两不误。学校要科学制订体育运动计划,使文化课教学和体育锻炼安排合理,保证文化课教学圆满完成,体育运动又有效开展。

3.加强体育教师队伍建设,提高教师综合素质。加强体育教师队伍的培训工作,提高教师专业知识和岗位技能。

4.各项体育活动要做到精心策划,严密组织,组织开展的各项活动,必须在教师的监控下进行。同时要有完善的安全工作方案和具体的突发事件应急措施,坚决杜绝安全事故的发生。

附表:

一、活动课程设置:

根据我校的实际情况,本着"活动应丰富多彩,富有吸引力;充分发挥学生的积极主动性;课堂教学和课外活动互相配合,互相促进;符合学生的年龄特征,照顾学生的兴趣和特长;因地、因校制宜"的五大原则。

切实减轻学生学习负担,全校师生人人参与,在活动中学习,在活动中进步。活动分成七年级组,八、九年级组同时开展。根据学生的年龄特征、心理特征及兴趣爱好。

七年级组课程设置如下:

1.体育游戏;2.跳绳;3.乒乓球;4.棋类(以军棋、跳棋为主);5.羽毛球;6.美术、手工实践(以绘画、折纸为主)。

八、九年级组课程设置如下:

1.田径;2.乒乓球;3.羽毛球;4.篮球(基本技术及小比赛);5.跳绳(单人或花样、集体);6.棋类(以中国象棋为主);7.美术、手工实践(以绘画、剪纸为主);8.拔河

二、活动要求

课外活动必须落到实处,指导教师要有明确的活动目标,认真制订切实可行的活动计划,并认真安排好活动内容,及时做好相关记录。根据学校实

际情况,保证每次活动质量。

三、活动组织

1. 学校根据实际条件,设置活动项目,统一安排活动的开展。

2. 各年级的活动要做到"三定"(即定内容、定地点、定人员),活动有计划、有实施步骤;活动内容切实可行,有利于学生的健康发展;辅导教师做好活动情况记载和活动小组学生的管理工作。

3. 学校课外活动领导小组加强督导,认真巡视,切实保证活动开展的时间和活动效率,杜绝将兴趣小组活动时间移作它用,并确保活动安全!

【案例点评】

××市第八中学的课外体育活动方案以《学生体质健康标准》为基础,并结合学校的具体情况及其学生年龄特点,进行了基本的课外活动课程设置。七年级组课程设置如下:1. 体育游戏;2. 跳绳;3. 乒乓球;4. 棋类(以军棋、跳棋为主);5. 羽毛球;6. 美术、手工实践(以绘画、折纸为主)八、九年级组课程设置如下:1. 田径;2. 乒乓球;3. 羽毛球;4. 篮球(基本技术及小比赛);5. 跳绳(单人或花样、集体);6. 棋类(以中国象棋为主);7. 美术、手工实践(以绘画、剪纸为主);8. 拔河等。这些健康的课外体育活动形式都是学生平时喜欢玩的,而且军棋象棋还都能开发学生的智力,达到身心和谐发展的目的。而且学校对于课外活动非常重视,为保证活动质量,每次都做好活动记录,便于活动的继续和改进。

第三节　运动会的策划与组织

学校运动会是学校体育工作的重要组成部分,也是学校体育工作的重点之一,具有相当强的凝聚力和号召力,是宣传和发挥体育功能的最好阵地。将娱乐体育融入学校的运动会,能极大地提高广大师生的参与意识,提高他们参与体育锻炼的积极性,更符合"全民健身"与"健康第一"的要求。

一、学校运动会的现状

（1）我国学校的运动会目前基本上是全国统一模式,即以田径的正式比赛项目为主。这些项目的本身要求较高,需要有较好的身体素质和机能才能参加比赛。

（2）比赛的形式限制了学生参加比赛的人数。学校运动会比赛规程一般都规定每项限报2人,每人限报两项。这种多年不变的模式,使得学校运动会成了少数人的运动会,有不少人从小学到大学,从来没有参加过任何比赛。

（3）运动会项目的设置与学生的实际水平相差太大。如铁饼、跨栏、百米跑等项目,如果没进行较系统的训练是无法参加这些比赛的,而在目前的体育课教学里,这些项目因难度大、危险性高而大部分被取消。报名参加这些项目的学生大多不能顺利地完成比赛。

（4）田径运动会相对来说观赏性不高,参加比赛的人数又少,比赛项目绝大多数都是个人的单项比赛,因而田径比赛吸引人们参与的功能不强。许多师生更是把运动会当成了假期,如果不是学校有要求,观众寥寥

无几。

二、学校运动会的改革构想

1. 学校运动会应面向全体学生

现行我国学校运动会为了达到选拔运动员，评定学生运动能力高低的目的，绝大多数学生体验不到参加运动会的乐趣，削弱了大多数学生学习体育的积极性。因此，运动会的对象应由面向少数具有运动才能夺"牌"有望的学生，转变为面向以全体学生为主体的全校师生员工的活动，使大家都有机会和兴趣参加运动会的比赛，体会运动带来的乐趣。

2. 运动会的内容形式和功能要改变

结合当前学生对体育运动的爱好和兴趣，结合学校实际情况，大胆摈弃原有项目中不适合学生身体素质发展和易产生伤害事故的项目，不断创造和增加一些结合体育教学要求和对身体素质发展有利的锻炼项目。充分发挥体育所具有的有益于生理、心理、社会的多维功能，由追求胜负、名次转变为全面开发学生的潜能，促进学生德、智、体、美全面发展。

3. 运动会的项目设置和组织形式要适应集体健身的需求

要集思广益，增加趣味性和娱乐性的运动项目，如骑慢车比赛、托乒乓球跑、三人两足或多人两足、运水接力等，寓竞赛于娱乐之中。要突出体育活动中趣味性和娱乐性的感受，这些特性才符合学生的求知欲、好奇心以及冒险精神。要不断扩大学生的参与面，要设置集体的、班级的参与形式，通过学生之间的相互配合和共同努力，培养学生的集体主义精神和集体荣誉感。校运会不应只是学生的天地，在各类项目的竞赛活动中，让学生和教师并肩参赛，在活动中一起体味成功与失败。这可以极大地改善师生关系，从而更好地服务教学工作，这对提高学校教学质量将起到意想不到的作用。

4. 改变奖励办法

改变过去校运会以名次与奖品直接挂钩的奖励办法, 增设参与奖、创造奖、特色奖、组织奖, 增强体育道德风尚奖与精神文明奖的力度, 充分体现既鼓励竞争, 又强调参与的宗旨。

5. 培养学生的体育实践能力与创新能力

应当提倡由学生直接参与校运会的实际工作, 包括项目的设置和实施, 既培养学生的组织创新能力, 又使他们体会到运动会组织工作的艰辛和繁杂, 使学生真正成为学校运动会的主人。

三、学校运动会的组织和协调

学校运动会虽然是体育教研组的本职工作, 但因这项工作牵涉学校多个部门, 内容繁多, 有些工作并非体育组本身所能完成。因此, 需要主管领导从中协调, 才能使运动会顺利进行, 做到紧张有序、活而不乱。主管领导需要做哪些工作呢?

(一) 全面了解情况

1. 了解运动会的具体时间

由于学校集体性活动比较多, 互相之间不能 撞车, 如果在时间上与其他活动发生冲突, 需要事先调整。

2. 了解竞赛规程

竞赛规程一般包括以下内容:

(1) 运动会的目的。

(2) 比赛时间、地点 (没有运动场地的学校往往租借场地, 一定要注明比赛地点)。

(3) 分组办法 (是指按年龄分组还是按年级分组, 最好与学校历届运动会分组相同, 便于检查破纪录成绩, 选拔参加上一级运动会的运动员)。

(4)比赛项目(按不同组别,分别列出所有项目)。

(5)报名办法(每班最多可报几名,其中男女各多少名; 每项最多可报几名;集体项目可报几名,是否占总数名额)。

(6)比赛办法(田径运动项目执行哪年国家公布的田径规则)。

(7)计分方法(单项如何计分,集体项目如何计分,破校、区、市记录如何计分)。

(8)奖励办法(单项、集体各录取前几名,是颁发奖牌、奖状,还是物质奖)。

(9)其他(有关要求与注意事项,如服装、鞋帽要求,报名截止日期等)。

(二)召开动员会

主持召开体育组、教导处、总务处、共青团、班主任以及有关部门和人员参加的动员会。会议约在运动会前3~4周召开,留给各班报名、项目练习(运动员选拔) 、入场式练队时间以及体育组编排竞赛秩序时间。会上讲清运动会的意义,介绍竞赛规程,提出入场式要求。

(三)协调工作

学校运动会的组织工作、裁判工作、后勤服务工作、医疗保健工作等等都要由本校教职工担任,这些工作的训练时间与他们各自的本职工作有时会发生矛盾,当他们不能自行解决时,需要领导出面进行协调。如果牵扯多个部门横向协调时,可召开会议,在会上统一协调、解决。

(四)召开预备会

在运动会开始前1~2天应召开预备会,检查各部门准备的情况,检查内容大致如下:

1. 场地、器材情况:

(1) 场地是否落实,是否平整(雨后有无积水),各比赛区域是否清楚。(2)各组比赛所用器材是否齐备,数量是否充足。(3)投掷区是否安全。(4)观众区域是否划分。

2. 裁判队伍:

(1)各级裁判人数、定位情况。(2)裁判用具有无遗漏(发令枪、子弹、烟屏、口哨、秒表、小旗(红、白)、记录笔、检录单、成绩单、竞赛顺序、钢卷尺、木直尺、皮尺)。(3)裁判队伍是否经过培训。(4)裁判服装、鞋帽是否趋于统一。

3. 竞赛秩序册的印发,奖品(奖牌、奖状)的购置。

4. 通讯设备有无故障(音响、录音带),通讯员队伍的组织。

5. 后勤保障(饮水处,简单文化用品,午餐)。

6. 医疗服务(位置、人员)。

7. 入场式顺序及大会开幕式程序的各项准备。

8. 提出有关要求(对观众的要求,对比赛的要求,对裁判员的要求,对运动员的要求)

学校运动会尽管规模不是很大,但各项工作均不可缺少,一环紧扣一环,若组织和协调得不好,就会显得杂乱无章,漏洞百出。因此,学校领导的重视极为重要。凡是有经验的校长,都把学校运动会作为锻炼全校师生的大好机会予以重视。通过这项活动,不仅促进了学生的身心健康,陶冶了情操,进行了集体主义教育,同时锻炼了师生的组织能力,提高了学校的管理水平。

四、运动会中游戏的魅力

学校运动会不仅是学校体育工作中的一件大事,而且也是学校教育工作中的一件大事。大部分学校的运动会,主要是田径项目,参与的只能是体育尖子生,大多数学生不能参与,脱离了素质教育中的面向全体学生的要求。为此,根据学生喜爱游戏活动这一特点,并结合各校的实际情

155

况,让大多数学生都参与到运动会中来,可以考虑在学校运动会中增设了一大部分游戏项目的比赛。通过游戏比赛使学生身心得到和谐发展,从而提高学生参与体育活动的积极性,吸引大多数学生参与运动会,改变少数参赛多数观看的现象,使体育活动成为素质教育的重要方面。

(一)游戏比赛在运动会中的全民性

在近年举行的运动会上,我们制订比赛规程的指导思想就是要面向全体学生,在项目的设置上,以集体项目为主。要求每个项目每个班都必须参加,学生每个人参赛不得超过三个项目,缺项要扣该班团体总分,各班的参与率达到统一要求。选择的项目符合学生的特点,既有需要速度、技术、技巧、个人拼搏、团体配合的二人三足跑、30人、50米迎面接力(男生、女生各15人)等,又有竞争不太强的踢毽子、套圈等。项目设置为不同层次学生提供展示舞台,使学生都有机会参与游戏活动,使运动会丰富多彩、参加人数众多,具有全民健身的作用。

(二)游戏比赛在运动会中的健身作用

在运动会中加入游戏比赛项目,这种形式以游戏为手段,以发展学生的身心为目的,培养学生参加体育活动的兴趣,提高学生锻炼身体的积极性,促进学生身体素质的全面发展。把适合学生特点的游戏安排在学生运动会比赛中,吸引学生主动参与体育活动锻炼。既能增强学生的身体素质,又能在游戏中学习体育动作技术(如篮球搬运)。使学生在这种愉快的活动中得到身体的锻炼。

(三)游戏比赛在运动会中具有娱乐作用

在学校运动会中设置大量的游戏比赛项目,能够使学生从心理得到暂时的解脱并融入到快乐中去。学生都喜欢表现自己,希望别人了解自己的长处,从而得到表扬和尊重。在体育游戏运动中愉快地竞争对抗,能自然地表现自己的体能、技能与智能,从而满足生理、心理上的需要并得到快乐。游戏在运动会中是一种集体活动,这种活动满足了学生相互交往、轻松愉快的交往,能使他们摆脱学习生活中的烦恼。游戏中的胜利,会使学生产生自豪感、增强自信心,在精神上获得一种满足的快感。同时,没有任何压力的游戏活动,对学生的生活具有调节作用,能消除学习带来的疲劳,使人得到积极的休息,是一种愉快的身心感受。

(四)游戏项目在运动会中对学生有教育作用

游戏项目在运动会中有利于培养学生的良好品德,首先体育游戏都是在一定的规则约束下进行的,通过游戏可以培养学生自觉遵守规则、纪律的良好习惯;第二,由于体育游戏一般都是集体进行的,在游戏中需要同学们的齐心协力、团结协作,需要培养学生的团队意识,才能更快更有效地完成游戏,取得胜利。这样,通过游戏就能培养学生的集体主义精神和团结互助的优良品德。第三,体育游戏中常采用对抗竞争的形式,有的游戏还具有一定的体力与智力难度,通过这些游戏可以激发学生的进取精神,培养学生的机智、勇敢、顽强等优良品德。第四,从开幕式到各项比赛,从清洁卫生到组织纪律,都统一强调集体意识,使学生在运动比赛中自觉遵守规则、服从裁判,发扬友谊第一比赛第二的风格,对所有参赛的同学都加油,这些都是良好思想品质的体现。第五,在整个运动会中,各班都成立了后勤服务队为运动会供应茶水并帮助受伤学生,这样也培养了学生的互助精神;让更多的学生为运动会呐喊助威,使整个运动场上加油声不断,到处充满学生的欢声笑语。游戏比赛在运动会中营造了良好的思想品德教育环境。

(五)活动中快乐学习

游戏运动不仅能增强学生体质,陶冶学生情操,培养学生勇敢顽强、团结协作、拼搏奋进等优良品德;同时也有助于发展学生的思维能力,增长知识。体育游戏比赛不仅是体力的,同时也是智力的,不少的游

戏本身就或多或少具有智力因素,如集中注意力练习游戏、接力游戏等等都需要机智,才能快速准确地完成游戏。这种游戏既是速度的较量,也是智力的较量。光有速度,没有良好的思维,是不会取得好成绩的。在一些对抗竞赛的游戏中,个人或团队如何在规则允许范围内选用最佳合作方案,采用更加有效的动作完成游戏,以战胜对方,都需要开动脑筋,启发思维; 体育游戏内容复杂,游戏的动作、条件、环境经常变换,要求学生必须熟悉项目比赛的方法、规则,反复练习、训练掌握技能技巧。这对学生智力的发展、提高以及适应环境的能力均起到良好的作用。

实践证明,体育游戏是广大学生十分喜爱的运动项目,在学校运动会中加入游戏比赛项目的形式面向全体学生,集全民健身作用、娱乐作用、教育作用、快乐学生于一体,增加了学生的学习兴趣,加强了学生对体育锻炼的理解,使学生得到全面发展。一些平时不喜爱运动的学生或自认为自己不行的学生都能积极参与。近年来各校运动会学生的参与率都在90%以上,这足以说明学生运动会中设置游戏项目已经得到了同学们的认可。体育游戏在学生运动会中正以它独特的魅力,有效地促进了学校体育工作的发展。

【相关案例】

××学校秋季运动会方案

一、活动背景

由于初二年级即将面临升入初三,而初三是一个全力拼搏的关键阶段。现在,初二同学承受着繁重的学习任务的同时,还承受着个方面的巨大压力。所以,帮助他们减轻压力,让他们拥有健康的体魄十分必要。于是,学校学生会决定举行一次秋季运动会。

二、活动目的及意义

（一）目的：减轻初二学生们的身心压力，营造一个宽松快乐的学习环境。

（二）意义：

（1）对于组织者来说，可以很好地提高我们的组织能力，锻炼自我，通过组织内人员间的合作来组织活动，可以增多彼此之间的互动机会，很好地增进彼此之间的感情和团队精神。

（2）对于初二的学生们，这是在繁重学习任务堆积的情况下得到一次很好的放松自己，重振精神的机会。在活动中，大大地增多了学生们之间的互动机会，十分有利于今后在学习上的交流，加强班级的团结精神，同时也为今后健康的体魄打下基础。

（3）就学校而言，可以带动全校的氛围，增进师生之间的感情。

三、活动主题：我运动，我健康！我运动，我快乐！

四、主办单位：××省实验中学教育处

承办单位：××省实验中学学生会

协办单位：××省实验中学志愿组

五、活动时间：

开始时间：2010年10月25日08：00

结束时间：2010年10月25日18：00

六、活动地点：××省实验中学操场

七、活动流程（因本次运动会进行时间有限省略开闭幕式）

（一）准备阶段

1. 在正式开始前的两个月时，学生会宣传部组织组内人员在全校范围内用海报、宣传标语传单等方式进行为期三天的宣传活动，以便让初二同学做好充分准备。

2．学生会办公室向教育处申请场地

3．组织部在运动会开始前三天向体育部根据参赛人数及场次准备足够的器材，并留出少许以用。另外，根据需求，借足够的桌子、水具、医用品、广播设施等。

4．协调工作：2010年10月24日下午，组织部协助学校工作人员布置主席台及有关广播设备。

2010年10月25日6：00至7：20服务队布置各班观众场地及运动员赛区，并按赛程布置好体育器材。在同学们入场时带领各班队伍到指定位置就坐。待运动会结束后，18：10至19：00整理场地，收拾器材，清理垃圾（如果有垃圾的话）。

运动会期间，志愿者小组负责各班参赛人员按时到赛区进行比赛，在比赛过程中如出现意外损伤等事故务必前往即时解决，必要的话通知医务人员前往解决。

办公室小组做裁判、广播员、各班精神文明评比检查员，广播员要求在10分钟休息期间广播各班上交的优秀文稿，裁判负责自己管辖内的体育成绩评比和规则讲解，检查员在运动会期间每隔半小时对每个班进行卫生、秩序等方面检查并做好记录。

（二）实施阶段

1．时间安排

7：30各班同学到操场主席台前按指定位置站好队，各班体委负责整理自己班队伍。然后学校领导就坐，广播员介绍各位到席领导并宣布升国旗唱国歌并带动大家齐唱国歌。然后领导讲话。运动员代表及评委团代表宣誓。

7：50体育老师带领大家做广播体操热身活动，并讲明比赛期间注意事项。

8：00校长宣布运动会正式开始，服务队带领各班到指定位置就坐观看，然后可带领参赛人员到指定位置准备比赛。

2.赛程安排（两场比赛间有10分钟的休息时间）

8：05至8：45：进行100米、200米初赛，依次参赛的是女生1至4组，男生1至4组。

8：55至9：35进行400米、跳远初赛，依次参赛的是女生1至4组，男生1至4组。

9：45至10：25进行跳高、三级跳初赛，依次参赛的是女生1至4组，男生1至4组。

10：35至11：15进行铅球初赛，依次参赛的是女生1至6组，男生1至6组。所有比赛完后广播员宣布上午比赛成绩，公布出下午进入决赛者名单。

12：00宣布上午运动会结束。由各班体委将自己班队伍有秩序带回食堂就餐。

说明：在每个10分钟休息期间，各班班长从自己班同学手里收集鼓气加油的文稿，并交由广播小组，由广播小组选出好的文稿并进行广播。每广播一份就在相应班级文明评比中加一分。

（三）后期总结

各负责部门汇报任务完成情况，总结不足之处和成功经验，各部门间及内部并做好相互交流。

八、人员安排

宣传部：从2010年10月22日至10月24日进行三整天的宣传活动。

组织部：2010年10月24日上午借好器材用具，当天下午协助学校工作人员完成场地设施布置任务。

服务队：2010年10月25日7：00之前完成赛区布置任务，负责带领运动员到赛场的同学按时完成任务。运动会结束后在19：00前完成收拾场地整理用具。确保当天的晚自习按时进行。

九、活动经费

组织内部人员每人两瓶矿泉水：130×2＝260元。领导每人三瓶：10×3＝30元。用具损失预计：100元。人员以外损伤治疗预计：100元。宣传花费：海报10张，纸张、画笔等花费：50元。运动员号码布：20元。租赁主席台前鲜花40盆：40×5＝200元。播音设备、地毯、遮阳伞等学校提供。合计：260+30+100+100+50+20+200=760元整。

十、应急方案

（一）如遇到下雨，则及时由服务队通知各班体委带领自己的班队伍有秩序回到自己教室。其他服务队员负责护送领导们退场以及设备的有效保护，如广播设施等。等雨停止后视情况而定，若耽误时间过长则一切程序按顺序延期进行。如耽误时间不长，则适当加快进行步伐，直到赶上原计划为止。

（二）如遇到运动员意外受伤，轻伤的则由服务队专门负责人员及时拿来医用品来处理。重伤者则由服务队专门负责人员迅速通知医务人员前来处理。

（三）运动员对裁判做出结果不满意而发生争执时，则及时由相关部门干部前去处理，如不能解决，请体育老师出面解决。

十一、注意事项

如果原来安排临时有变化，负责人会第一时间通知各部门部长，再由部长通知成员并按新计划实施。各个部门成员在整个服务过程中要态度良好，和气友善，本着服务同学原则热心工作。要有耐苦、耐劳、务实等精神。工作当天衣着一致，佩戴工作证等证件。

【案例点评】

运动会是全校的大型活动，场地的选择、比赛流程的制订、时间的安排等都需要有一个明确的规划。因为运动会需要一定的开支，所以该校联系到了海尔、闪亮等商家提供赞助。在准备阶段，在全校范围内利用海报等进行宣传，申请场地，提前三天向体育组呈报参赛人数并确定比赛器材等。另外还要准备好主席台的所需物品：桌子、水具、医用品、广播设施等。在实施阶段，要严格按照比赛时间表和程序进行比赛，但也要做好应急预案，如遇到下雨天、有同学在比赛中受伤、对比赛结果提出质疑要求学校仲裁等。最后，工作人员要明确分工，佩戴工作牌，相互合作共同为大家服务。

第七章　中学班级社会实践活动

开展班级社会实践活动，可以让学生在实践中接受美的陶冶，在实践中感受老师之恩、同学之情，在实践中产生社会责任意识，从而走进社会，了解社会，培养实践能力。

第一节　劳动实践活动的策划与组织

作为人类最基本的实践活动，劳动不仅创造了人类本身，而且创造了巨大的物质财富，保证了人类社会的延续和发展。让学生参加劳动实践活动，既是落实素质教育的重要体现，也是落实教育与生产劳动相结合的重要措施。劳动实践活动是以学生获得积极的劳动体验、形成良好的技术素养等多方面发展为目标，且以操作性学习为特征的学习领域。它强调学生通过人与物的作用、人与人的互动来从事操作性学习，强调学生动手与动脑相结合。“综合性”、“实践性”是其较明显的特征。

一、劳动实践活动的目标

(1) 通过劳动实践活动，丰富自己的劳动体验，形成对劳动的初步认识,培养学生认真负责、珍惜劳动成果的良好品质。

（2）鼓励学生在日常生活中努力做到自己的事情自己做,培养学生的生活自理能力。

（3）认识日常生活和周围环境中的常见材料,学会使用一些基本的劳动工具。

（4）在劳动中学会与同伴合作,学会关心他人、尊重他人,树立正确的劳动观,体验劳动的快乐。

（5）通过劳动实践活动,关注成人的职业角色,初步了解社会的职业分工,形成正确的职业观。

二、劳动实践活动的基本内容

1. 班级常规性劳动

班级常规性劳动涉及的范围主要包括班级的室内卫生工作、学校包干区卫生工作等。

2. 家政、自我服务性劳动

中学生自理的能力相对来说已经完善,可以做很多力所能及的事情,如洗衣服、做简单的饭菜等。

3. 社会生产劳动

组织学生走出课堂,走向社会,深入实际的劳动情境,如去农村、工厂、劳动基地等进行劳动。

4. 社区公益劳动

可与学校附近社区或学生居住地社区联系,指导学生开展一些定期或不定期的公益性劳动,如到敬老院打扫卫生、给社区花圃锄杂草等。

5. 手工劳动

主要指锻炼学生手部小肌肉的一些劳动,旨在发展学生初步的折剪贴、塑、雕、编等基本技能,内容可涉及纸工、陶艺、编织等。

三、劳动实践活动的设计

劳动实践活动的设计可分为常规固定式设计和主题活动性设计。活动要求班级学生尽可能全员参与，但可有不同分工或轮流进行，视具体情况而定。

1. 常规固定式设计

一般需要定期进行的一些劳动实践活动可运用常规固定式设计，如班级常规性劳动、学生自我服务劳动等。设计可分为班级学期劳动实践活动计划或个人劳动实践活动计划。班级劳动实践活动计划一般在开学初集体制订，活动内容、人员组合、劳动分工、时间安排等可由学生讨论决定。一旦固定，各成员必须按计划履行自己的职责。个人劳动实践活动计划可由学生根据自己的实际情况而定，一般由学生自我实施。

2. 主题活动性设计

主题活动性设计有利于激发学生对劳动实践活动的兴趣，一般以劳动实践内容为主的主题活动性设计可与研究性学习相结合，这样更有利于中学生系统地掌握劳动技能，激发学生的探究意识和创新精神。为了提高劳动实践活动的效果，在活动前做好活动设计工作是十分必要的。

（1）针对目标设计活动。对某阶段重点发展学生哪些劳动技能或形成哪些劳动观念、态度，要有明确的目标，教师可组织学生针对某些拟订目标进行具体的实践活动的设计。

（2）结合学校的某些活动主题设计活动。例如，学校对社区开展的一些公益性劳动，一些社会实践性劳动或学校举行的劳动科技节等。

（3）活动设计要具体可行、充满乐趣。活动设计要从学生的生理和心理特点出发，要注意学生的性别差异，增强活动的针对性、安全性和选择性。活动内容、活动目标要明确，组织要有序，分组要合理。要给学生创设获取各种经历、各种体验、各种感受的机会，使劳动实践活动的学习过程成为生动活泼、多姿多彩、充满乐趣的过程。

（4）活动设计要体现实践性、趣味性、创造性、整体性。活动要注意激发学生学习技术的兴趣，以培养学生的创新精神和实践能力为重点，因地制宜地确立活动目标。在保证基本知识、基本技能、基本态度等教育目标实现的基础上，尽可能提供更多自主学习的舞台和自主探究的机会。同时要把积极的劳动态度和正确的劳动价值观的形成渗透到整个活动中去。

（5）时间安排要整体规划、灵活机动。在时间安排上，要根据实际情况进行整体规划，可以是一课时或几课时，也可以用课内时间或课外时间。

（6）活动场所、内容要确保学生安全。假如在校外开展活动，对劳动地点、场所要事先进行联系，必要时教师要对劳动地点、场所及劳动内容在活动前进行考察，以保证劳动实践活动的顺利进行及学生的人身安全。

四、劳动实践活动的基本过程

1. 明确劳动实践的活动项目

根据学生年龄特点精心选择适合学生开展的活动项目，全体学生对将要进行的劳动实践活动项目都要有明确的认识和了解。

2. 确定活动目标

依据学生各方面的发展情况，提出相应的活动目标。

3. 进行活动策划

活动前要针对活动项目进行精心策划，包括活动实施的地点、实施的方式、期望达到的目标、实施的时间安排、具体的分工等。

4. 制订活动设计

将策划的事项具体地记录下来，形成活动方案。

167

第七章　中学班级社会实践活动

5. 做好活动前的准备工作

包括活动工具、设备的准备，活动地点、场所的联系，活动中的时间问题、交通问题、经费问题的协调等。

6. 实施活动计划

根据设计方案，开展具体的劳动实践活动。

7. 活动总结

总结并交流劳动实践活动中的体会、感受。

五、劳动实践活动的组织与实施

1. 组织形式

劳动实践活动可以以班级为单位，以学生小组为活动团体组织学生开展，也可以是学生个人在家庭或社区独立参与劳动实践活动，还可以视活动主题及活动内容而定。

2. 活动设计

活动前对所进行的活动内容要有充分的思想准备，对如何实施活动要进行相应的策划，有具体的计划、分工、实施目标。

3. 活动保障

对学生将要参与的劳动实践活动所涉及的场地、劳动工具、设备等事先要准备好，如何使用这些工具、设备，教师要先做一定的讲解与指导，活动中要对学生进行必要的安全教育，提高他们的自我保护能力。同时加强与学生家庭、社会相关部门的沟通与联系，为学生的操作体验性学习提供必要的实践场所。也可聘请家长、专家当导师，加强对学生操作技术的指导，确保学生顺利开展活动。

4. 活动管理

劳动实践活动中要加强学生的自我管理能力。教师要指导学生严格按照操作程序进行，以确保劳动技能的掌握与学生活动中的安全。

5. 活动评价

劳动实践活动中的评价应以发展性评价为主，通过评价引导学生树立正确的劳动态度、劳动观念、劳动价值观，正确认识社会的职业分工。评价可结合学生自评、组评、教师评价、家长评价等进行综合评定。

6. 活动交流与总结

劳动实践活动中的总结交流方式可以是多元的。可以针对劳动技能的掌握程度进行交流、总结；也可以针对学生劳动态度、劳动观念、劳动价值观的转变进行交流、总结；还可以针对学生在劳动中的表现进行具体的交流、总结。总之，教师要指导学生用好交流与总结这个平台。具体在实际操作中运用哪种方式进行，可视劳动实践活动的主题、类型有所侧重。

六、劳动实践活动实施中的教师指导

在劳动实践活动的实施过程中，教师的根本任务是为学生的技术学习和技术探究提供有效的指导和优质的服务。教师在指导时应注意以下七点。

1. 活动指导应面向全体、尊重个体

在组织学生开展劳动实践活动时，教师的指导既要面向全体学生，让学生学会基本的劳动技能，又要充分尊重学生的个性、自主性、创造性，使所有学生都能成为劳动与技术学习的主人，都能成为活动的受益者。

2. 正确处理示范、讲述与学生操作练习之间的关系

这是教师在活动指导中必须注意的事项，教师的示范要突出重点、解决难点，讲解要简明扼要，便于学生理解，还要留给学生进行充分的自主学习、自主探究的时间和空间，便于学生掌握，巩固所学技能。

3. 引导学生合理分工，正确处理伙伴合作关系

在学生的劳动实践活动实施过程中，因受到场地、任务及学生技术等因素的限制，学生独立操作或完全由学生个体独立承担一项任务的机

会不是很多。在这种情况下，就涉及到小组合作或小组分工的问题，作为教师，要充分利用学生内部人际关系及学生群体的作用，引导学生学会在技术活动中的分工与合作，引导学生相互交流、观摩与学习。

4. 加强巡视指导，做到个别指导与集体指导相结合

当学生进入实际操作阶段，教师的主要任务就是帮助学生顺利达成工作目标。在此过程中，教师要把握好集体指导与个别指导的关系，做到共性问题集体指导，个性问题单独指导。

5. 发挥多种教育技术和手段的作用

在一些有条件的地区，可把信息技术引入劳动与技术教育，并加强其在模拟仿真训练和技术设计方面的运用，以提高指导效果。

6. 根据学生角色特点，合理分配劳动任务，做好劳动保护

根据中小学生的性别差异控制好学生的劳动强度，做好劳动保护也是教师在活动实施过程中需要考虑的问题。在实际操作中，一方面可根据工作强度进行合理分配，另一方面也可以指导学生在小组合作过程中进行合理分配。

7. 注意劳动与技术教育资源的利用和开发

在劳动实践活动实施过程中，既要利用现有资源，又要注重开发新的资源，尤其要注意将各类资源进行有效整合，并做好现有资源的管理工作。

【相关案例】

2010—2011学年度罗庄中学劳动实践工作计划

一、指导思想

1. 培养学生的劳动兴趣，劳动习惯，劳动观点。

2.教育学生积极认真做好自我服务劳动、家务劳动、公益劳动。

3.使学生具有一定的生存能力,掌握一定的生产劳动知识和劳动技能,并能把这些知识和技能运用到家庭、社会的生产劳动中去,为社会创造财富,成为德、智、体、美、劳全面发展的合格的初中毕业生,成为"有理想、有道德,有文化、守纪律"的并掌握一定生产技术和具有初步经济管理能力的后备"新型农民"。

二、教学要求

1.教育学生热爱劳动,认识劳动光荣,劳动没有高低贵贱之分,只有劳动才能创造世界,只有劳动才能创造社会财富,只有劳动才能完成祖国的现代化建设,只有劳动才能推动社会的进步和发展。

2.通过劳动实践,培养热爱劳动人民的思想。

三、教学内容的设置

1.开设乡土教材——让学生对本乡的自然条件、多种经营基础、农业生产概况有初步的了解。

2.让农村学生对植物的生长特性有一定的认知能力。

3.以基础教育和劳动技术教育相结合,理论和实践相结合,在劳动实践中培养学生的观察、思维、想象和创造能力。

4.通过劳动技术课教育和实践,增强学生体质,陶冶爱美情趣,促使学生德、智、体、美、劳全面发展。

四、课时安排

每个年级一周安排一节课考试方法。

五、理论与实践相结合

在平时的教学中,应该明确劳动课是树立学生正确的劳动观点,培养学生良好的劳动态度的思想性较强的学科,又是掌握实际知识和培养动手能力的知识性、实践性较强的学科,因此我们必须理论联系实际,让学生真正体

171

会到劳动带来的收获与快乐。除了校园的绿化和基地作为学生实践的场地以外，还要结合我们当地大棚菜种植基地，通过实地参观，帮助菜农做些必要的劳动实践活动，如，除草、施肥等，让学生了解蔬菜种植与栽培的相关知识。

六、考核办法

考核内容和评定：劳技课的教学考核内容主要包括劳动观点、劳动态度、劳动知识和劳动技能等方面。劳技课的考核评定标准为"优秀、良好、及格、不及格"四个等第。

评定方法：由于劳动课是树立学生正确的劳动观点，培养学生良好的劳动态度的思想性较强的学科，又是掌握实际知识和培养动手能力的知识性、实践性较强的学科，因此我们采用两种评定方式而最后总评打等第的办法进行评定学生成绩。

（1）劳动态度的考核，以发扬民主与集中的办法。采用学生自评，小组互评，最后任课老师决定的评分方法。

（2）劳动知识的考核，以书面答卷为主。内容是基础的常识性知识。

附：活动安排

九月份：1.制订各年级教学计划。

2.学生对校园花卉树木进行修剪、除草。

十月份：整理基地，准备下年耕种。

十一月份：参观蔬菜基地，帮助菜农施肥除草。

十二月份：分年级对学生进行考核。

一月份：总结本学期工作。

三月份：1.对新学期的工作做出计划和部署。

2.植树造林活动。

四月份：布置基地整理工作及校园的花卉修剪工作。

五月份: 1. 劳动技能知识竞赛。

2. 安排基地种植工作。

六月份: 基地除草、施肥。把本班的都管理好, 准备放假。

七月份: 总结本学期的工作, 对学生进行考核。

【案例点评】

罗庄中学根据一定的指导思想提出相应的教学要求, 在劳动实践中使同学们意识到劳动是没有贵贱之分的, 通过劳动实践培养热爱劳动人民的思想。在教学内容的设置上, 开展基础教育和劳动技术教育相结合的原则: 剪草、除草、施肥、开展劳动知识竞赛等, 每周进行一次考核, 考核评定标准为 "优秀、良好、及格、不及格" 四个等。这既调动了同学们的积极性, 又没有严格的用成绩来区分, 对于同学来说, 具有很大的伸缩性。

第二节 社区服务活动的策划与组织

社区服务是指学生进入实际的社会情境中, 直接参与到各种社会领域, 开展一些力所能及的社区服务性、公益性、体验性的学习活动。社区服务一般具有实践性、社会性、服务性和体验性的特点。它不仅注重在社区或社会情境中学习, 而且也是融研究性学习、劳动技术教育等于一体的学习活动。

一、社区服务活动的目标

(1) 使学生关心社区建设, 主动参与社区的公益活动, 形成诚恳助人、乐于奉献的积极态度和情感。

(2) 培养学生的公民意识、参与意识和社会责任意识。

（3）使学生学会现代社会人际交往的本领，提高沟通与合作的能力，增强团结协作的意识。

（4）培养学生学以致用、服务社会的意识，并在社区服务过程中学习新知识，体验奉献的愉悦和人间的亲情。

（5）使学生进一步了解社区生活的社会环境，增长从事社会活动所需的知识，增强适应现代社会活动的能力。

二、社区服务活动的基本内容

社区服务活动的内容包括：社区保洁活动，社区护绿活动，社区综合宣传活动，社区陋习纠察活动，社区敬老爱老活动，社区帮困助残活动，社区读书辅导活动，社区环保志愿者活动，社区公益劳动等。

三、社区服务活动的设计

学生经常接触的社区一般有学校、学校所在的社区、学生实际生活的社区等。班级在开展社区服务活动设计时，既要考虑活动的可行性，也要兼顾学生的知识与技能、过程与方法，同时要特别强调情感态度与价值观。为此，在实际操作中，可从以下五个方面入手。

1. 了解社区资源

为了开展好社区服务活动，学生对所在社区的基本情况应该有一定的了解。如社区人员的构成状况、活动设施情况、环境状况、社区中可利用的活动资源等。这样，既有利于学生对活动的设计，也有利于活动的开展。

2. 熟悉社区周边资源

一个社区的资源是有限的，但一个社区周边的资源却是庞大的。在社区周边开展社区服务及社会实践活动，能避免学生外出时教师最担心的交通问题、安全问题、时间问题、经费问题等。所以，在开展社区服务活动时，要尽可能地利用好这些周边资源。

3. 鼓励学生做有心人

活动常常是从问题中生成的，社区中存在的问题是学生开展活动最好的切入口。教师要鼓励学生做个有心人，关心社区的变化，留意社区的不足，留心社区中需要帮助的人群。

4. 社区服务活动要精心设计

活动设计要体现主题性、开放性、跨学科性、本土性、社会性等特点，设计的活动应力求生动活泼、丰富多彩，有助于调动学生参与活动的积极性，提高他们对活动的兴趣。

5. 活动的组织要精细化

活动要有明确的目标、具体的分工，对活动时间的安排、活动过程的监控和评价等应有相应的约定或措施。

四、社区服务活动的基本过程

组织学生开展社区服务活动，不但要有明确的目标，而且要教给学生一定的活动方法，使学生通过活动的开展，了解社区服务活动的基本组织过程，有利于学生举一反三地开展各种社区服务活动。

1. 明确社区服务活动的内容

学校和教师可结合社区背景、根据班级学生的特点，在调查或考察社区资源的基础上，确定社区服务的内容。

2. 确定社区服务活动的目的和对象

活动前，要让学生明确社区服务的目的、活动对象及活动领域。一般来说，社区服务的对象可以是社区特殊的社会群体（如孤寡老人、残疾人、幼儿等），也可以是社区的经济机构（如商场、农场）、政府机构（如环保部门、宣传部门）、文化机构（如图书馆、电影院）及公益活动场所（如公园、老年活动中心）等。

3. 制订社区服务活动的方案

与社区服务对象或机构取得联系，制订具体的活动时间和活动方案。

4. 实施社区服务

根据社区服务活动方案，开展具体的社区服务活动过程。

5. 社区服务评价

一般来说，评价可以分为学生自我评价、小组评价、教师评价、家长评价、服务对象或机构评价、学校评价等。

6. 社区服务活动总结

总结并交流在社区服务活动中的体验和感受。

五、社区服务活动的组织与实施

如何做好社区服务活动的组织与实施将是活动的组织者——教师必须认真考虑的问题，因为组织的有效性与可行性将直接关系到活动实施的效果与成败。社区服务活动的组织与实施一般包括活动方式、组织形式、活动设计、活动保障、活动管理、活动评价及活动交流与总结。

1. 活动方式

社区服务活动可在学校或家庭所在社区范围内组织学生开展。活动可尽量采用参观、访问、调查、实验、采访、宣传、义务劳动、公益服务等方式，以引起学生的兴趣，丰富学生的感性经验。

2. 组织形式

活动可以由教师来组织开展，也可以由学生自主安排。组织形式有个人活动、小组活动、班级活动。可根据课程内容、学校特点和学生实际灵活安排。

3. 活动设计

应充分发挥学生的自主性，鼓励他们自己参与设计、自己选择主题、自己组织实施、自己进行评价。尽可能让学生自己去观察、感知、判断、分析、反思和创造，将活动的实施过程作为学生改变学习方式、学会学习的过程。

4. 活动保障

增强安全意识。在组织活动时，要事先对学生进行必要的安全教育，提高学生的自我保护能力。同时加强与学生家庭、社会相关部门的沟通与联系，在确保学生人身安全的前提下开展各项活动。

5. 活动管理

加强活动管理是提高活动有效性的保证。活动中的组织管理形式应根据具体的活动内容有针对性地进行，可采用班级统一管理形式，也可采用小组管理形式。一旦确定某种管理形式，可组织学生自行制订相关管理条款，并要求学生在活动中严格执行活动条款。

6. 活动评价

社区服务的活动评价可根据活动的特点进行，一般提倡采用多元化评价方式对学生在活动中的表现、活动成果等进行评价，对于学生来说，过程性评价应占主要地位。具体来说，评价可结合学生在活动中的表现、各种能力的发展、活动中的收获和感悟、活动的成果等进行个人、小组的综合评价，也可请接受服务的对象或活动部门对学生的活动表现进行评价。

7. 活动交流和总结

通过活动小结、回味成功的体验和感受、总结活动中的不足，既可以促进学生相互间情感的交流，也可提高学生相互评价、自我评价、总结反思的能力，实现活动中成果分享的目的。

六、社区服务活动的注意事项

社区服务活动是需要学生走出校门、融入社会的一种服务。组织中

学生开展社区服务活动时,应充分考虑活动的可行性、安全性、实效性,正确运用好社区服务活动的平台,促进学生的能力发展。

(1)社区服务活动的开展要从实际出发,积极主动,量力而行,讲究诚信。社区服务是在实际的社区情境中展开的活动,目的是让学生通过参与社区活动,体验社会成员的生活和活动,获得亲身感受,增进社会责任感和社会活动能力。因此,活动不在大小,培养良好的品质与技能才是主要的。

(2)高度重视活动中的安全问题,保障学生的身心健康和安全外出活动,最让学校、教师、家长担心的就是安全问题。中小学生身心发展迅速,但尚未完全成熟,对周围世界有了自己的一些看法,但往往比较片面,对社会生活中的许多事都感兴趣,却又缺乏持久性。因此,应考虑中学生的各种身心特点,选择适合他们发展需要、促进他们健康成长的活动。

(3)给学生提供适当的指导,为学生提供相互交流、分享成果的机会,培养学生的交往能力和合作精神。在组织学生开展社区服务活动前,对一些有一定技术含量的服务内容,教师要做适当的指导,以便学生能尽快地进入角色。活动中要注重培养学生与社区成员的交往能力以及小组成员间的合作能力。活动后,要组织学生对活动进行总结与反思,相互交流在活动中的所见、所闻、所感,为后续的社区服务活动扫除障碍,积累经验。

(4)提醒学生在活动过程中注意相互配合,提高团队凝聚力。社区服务活动也是培养学生提高团队凝聚力的基本途径之一。教师要学会充分利用好这种资源与机会,提醒学生在活动中合理分工,相互配合,取长补短,增强团队作战意识。

(5)活动时间和活动量应根据具体情况予以调节,既要讲求实效,又不能加重学生的负担。为了提高活动的效率,参加社区服务活动时应注意:

集体活动尽可能选择学校所在社区，小组分散活动尽可能选择学生居住地所在社区。这样，一方面可以保证活动的时间，另一方面活动安全也有保障。活动量的控制要根据学生的年龄特点、身体状况、活动强度进行及时调节，在保证有一定活动效果的前提下，尽量不要加重学生的负担。

（6）重视活动生成资源的利用。教师在组织学生活动时，要当有心人，要善于捕捉活动中呈现的一些有价值的再生资源，并使其演化为新的教学资源或活动资源。随着活动的不断展开，新的目标和主题不断生成，学生在这个过程中兴趣盎然，认识和体验不断加深，创造性的火花不断迸发，这就是生成性的集中表现。

【相关案例】

××市××中学社区服务实施方案

社区服务指学生在社区以集体或个人形式参加的以服务社区、发展自我为目的的各种公益性、志愿性的活动。《普通高中课程方案（实验）》规定，社区服务占2个必修学分。高中3年，学生共参加不少于10个工作日的社区服务，可获得2学分。为了落实新课程改革的要求，保证课程改革在学校的顺利开展，我校依据《普通高中课程方案（实验）》，制订本课程实施方案。

一、社区服务目标

1.使学生关心社区的两个文明建设，主动参与社区的公益活动，形成诚恳助人、乐于奉献的积极态度和情感。

2.培养学生的公民意识、参与意识、社会责任意识和主人翁精神。

3.使学生学会现代社会人际交往的本领，提高善于沟通的能力，增强团结协作的意识。

4.培养学生学以致用、服务社会的意识，并在社区服务过程中学习新知

识,体验奉献的愉悦和人间亲情。

5.使学生进一步了解社会生活和社会环境,增长从事社会活动所需的知识,增强适应现代社会生活的能力。

二、学分安排

必修学分2学分。分两年学习,其中高一、高二寒假分别参加不少于5个工作日的社区服务,分别获得1学分。

三、活动管理

(一)学生处、团委

1.学生处制订社区服务活动细则;

2.对教师指导工作进行评价,对学生社区服务学习成果进行评定和最后的学分认定;

3.指导年级要求学生将学分认定表确认并计入成长记录袋;

4.确保每位学生参与综合实践活动,对校外实践的活动进行有效指导和组织管理。

(二)年级组、班主任

1.配合学生处、团委,做好社区服务的协调安排、学生的组织和管理;

2.协助建立学生社区服务成果记录袋和档案,并对此进行管理;

3.班主任负责对学生的社会实践和社区服务进行学分评定,学生处和团委负责审核认定。

四、社区服务内容

社区服务是学生在教师指导下,走出教室,参与社区公益活动,以获取直接经验、发展实践能力、增强社会责任感为主旨的学习领域。通过该领域学习,可以增进学校与社会的联系,不断提升学生的精神境界、道德意识和能力,使学生人格不断完善。包括:

1.社区宣传教育活动

（1）法制宣传、人口与保健宣传、环保与卫生宣传活动及系列主题宣传日活动；

（2）所在乡镇、街道居委（村委）文化管理、文化宣传，布置文化宣传长廊、展版，进行文化咨询；

（3）进行城乡科技、科普宣传活动；开展城乡文体活动；

（4）组织同学在所在乡镇、街道开展文化宣传，传播科学技术知识、破除迷信。

2. 社区环境建设活动

（1）城乡环境卫生，城乡绿化、美化工作；

（2）负责所在乡镇、街道、村委、公园、学校等公共区域的清洁卫生管理；

（3）负责所在乡镇、街道、村委某一道路、厕所公共清洁卫生管理；

（4）担任所在乡镇、街道居委政管助理，帮助维护街道卫生、清理牛皮癣；

（5）城市交通秩序维护活动；

（6）担任所在乡镇、街道居委街道交通管理助理，协助交通管理。

3. 帮贫助困活动

（1）进行社区福利院的"爱心接力"，为所在乡镇敬老院孤寡老人提供服务；

（2）开展扶贫捐赠活动，为所在乡镇需要帮助的老弱病残提供服务；

（3）中小学生假期学习或活动辅导，帮助有困难的低年级学生；

（4）担任所在乡镇、街道学习困难学生校外辅导员。

4. 行业辅助性活动

（1）为社区大型活动提供志愿者服务；

（2）在公共活动场所（如公园、图书馆）参与管理服务；

（3）担任所在乡镇、街道某一企业管理助理或义务监督员；

（4）在厂家或商家的产销旺季进行帮忙；

（5）支援农忙等。

五、社区服务的组织管理

除了学校根据需要适当安排一些以团队或班级为单位的服务活动外，社区服务一般由学生自己选择在高一或高二期间利用节假日和寒、暑假期时间分散进行，三年内的服务总时间不少于10个工作日（或总时间不少于60小时）。在高二第二学期结束时进行评价，特殊情况可将评价时间延迟至高三第一学期期末。

寒暑假期前利用家长会，调查统计适合开展社区服务的家长单位（考虑安全和效果），充分发挥家长的支持作用。在寒暑假，打破班级建制，以家居所在地划分区域，组成社区服务小组，小组的构成由学生自己协商后确定，一般在3人以上，10人以下。各小组要选出一名组长，小组成员的组成可不限本班级。小组服务活动的目标和方案应由小组成员共同确定，小组参加活动所需要的交通、购买劳动工具等费用由学生自己承担。不同的服务项目（或不同的服务对象）要分别填一张《第70中学学生社区服务活动记录反馈表》。

社区服务课程在学校综合实践活动课程领导小组领导下展开，具体由学校学生处、团委和年级组长负责实施，班主任对全班的社区服务活动负责。社区服务小组可根据需要聘请指导教师，指导教师对所分管的社区服务活动小组负责。

六、社区服务的实施程序

1. 活动前教育。学校在活动前都安排一定时间进行安全、法制、礼仪教育。教育学生预防事故，注意自我保护；教育学生必须遵纪守法，遵守实践基地和社区的规章制度；教育学生礼貌待人，体现我校学生良好的精神风貌。

2. 内容选择。学生根据自己的兴趣和已有的知识经验，从接触的生活世界出发、从熟悉和关注的社会实际中选取活动主题和内容。活动要坚持"就近"原则，注意活动的主体性、可行性、经济性和安全性等。

3. 精心规划。学生必须首先联系好将要前去服务的地点或单位，制订活动计划，报告家长、班主任或指导教师，填写《第70中学学生社区服务活动记录反馈表》。家长、班主任或指导教师要对活动的计划与地点进行考察分析，并对服务活动的可行性和安全性进行评估。社区服务活动要在家长、班主任或指导教师认可并签字表示同意的情况下方可实施。

4. 活动实施。学生必须按计划进行活动，接受服务区负责人的领导。班主任或指导教师要随时关注活动的开展。在活动中组长要协调好小组成员及各方面的关系，各成员要发挥团队精神，相互协作，确保活动的顺利进行。每项服务活动实施过程中，学生必须认真填写《第70中学学生社区服务活动记录反馈表》，可收集一些活动相片，还应该撰写一些有关活动的经历、收获、感受或体会等内容的文章。

5. 总结交流。每学年各班级安排一次社区服务活动的总结交流。交流的内容应有《第70中学学生社区服务活动记录反馈表》、相关材料证明如一些介绍活动过程和体会的文章、活动相片或录像等。交流形式由班级自定，可以是主题班会、班级网页、墙报展览等。

七、社区服务的评价和学分认定

学生个人社区服务的评估以态度、技能、质量、习惯为主要考核内容分为优、良、中、及格、不及格等。评估工作要以学生为主体，教师为指导，社区为依托，家长为后援的双向评估模式进行，即自下而上的自评、互评与自上而下的教师评、社区基地评、家长评相结合的民主评定。评定工作要从实际出发，用全面、发展的观点看待学生和评定学生。对于在时间上、态度上、质量上达到基本要求的同学给予相应的学分。具体步骤：

1. 校内统一组织的活动由相关部门提供证明，校外活动由学生以组为单

位申报,提交《第70中学学生社区服务活动记录反馈表》(实践地或服务社区负责人签字盖章);

2. 通过学生的交流,学生分别进行组内互评和全班互评;

3. 班主任考核,并引导学生对活动进行反思,强化体验,表扬先进,对学生进行综合评价;

4. 学生处审核,并在学期结束前统一公示学生社区服务内容和学分。

5. 凡在考评中不合格者均要求重修或补修,由班主任或指导教师监督执行。学生对班主任或指导教师考评持不同意见,可报学校综合实践活动课程领导小组进行终审。

【案例点评】

社区服务作为学生的必修课渐渐受到了同学的重视,这与欧美国家学生自发参与社区服务有很大不同,但从长期发展来看,是在往一个好的方向发展。学校在社区服务的内容上比较有弹性,考虑到同学在上学时间比较忙,所以可以在寒暑假期间进行社区服务。同时可以根据自己的实际情况来选择,比如说进行社区宣传活动、社区环境建设、帮助贫困活动、行业辅助性活动等。而且在放假期间打破了班级小组的制度,召开家长会,按家庭区域进行分组,更考虑了社区服务的可行性。

第三节　参观访问活动的策划与组织

参观访问活动是学生以参观者或采访者的身份参与的一种社会考察体验性的学习活动,是学生接触社会、了解社会,积累社会经验,并获得对社会物质文化、精神文化和制度文化认知、理解、体验和感悟的学习活动。体验性学习活动以丰富学生的社会阅历、生活积累和文化积累为目标。参观、考察、访问是体验性学习的基本活动方式。

一、参观访问活动的目标

（1）通过参观访问活动，让学生进入社会实际情境，接触社会现实，了解社会现状，了解社会基本运作方式和人类生活的基本活动，积累社会生活经验。

（2）通过社会参观、社会考察、社会调查等活动，发展学生的社会参与能力，形成参与意识和较强的公民意识。

（3）通过参观访问活动，懂得科学技术与日常生活、社会发展的关系，形成正确的科学观。

（4）通过接触不同国家、不同民族的文化，懂得理解、尊重和欣赏世界多元文化，丰富自己的文化积累。

（5）通过参观访问活动，锻炼学生接触社会、与人交往的能力，丰富学生的社会阅历。

二、参观访问的基本内容

1. 社会参观活动

学生深入实际的社区、厂矿企业、社会机构或部门进行参观，促进对社会的认识。如参观污水处理厂、蔬菜种植基地和花卉市场等。

2. 社会考察活动

社会考察活动的内容一般涉及本地区的历史和文化遗产、现实的社会生活和生产方式，如考察某一社区的历史、文化传统、生活方式、经济发展状况、地理、建筑和人文景观、商业设施，以及文化古迹和文化遗产等活动。

3. 社会调查活动

就学生提出的社会问题，在现实的社区中进行调查研究。社会调查

活动应与研究性学习相结合。如为了了解市民遵守交通规则的情况，学生走上街头调查搜集相关信息，以获得有说服力的数据，据此对市民遵守交通规则的状况做出评价。

4. 社会访问活动

访问一般以国家或地方政府机构、政府官员、特殊人物、特殊阶层等为访问的对象。访问活动一般结合某个主题进行。如学生到老年大学进行采访活动，了解老年人的生活现状及对某些问题的看法等，以便更有效地开展"关注身边的老人"的主题活动。

三、参观访问活动的设计

组织学生开展参观访问活动时，活动的目的性要强，目标要明确，参观地点、时间及被访对象一般可以根据活动的需要事先联系，当时机成熟时再开展活动。为了顺利开展活动，增强活动的有效性，一般活动前教师要进行具体的指导，并进行相应的活动设计。

1. 确定活动内容

根据学校、班级或学科开展的某个主题活动的需要，确立具体的活动主题，选择适当的活动内容，在此基础上，有目的地选择参观地点或访问对象。

2. 明确活动目标

要让班级里所有学生都明确为什么要开展活动，开展本次活动希望达到的目标是什么。通过活动目标的确立引导学生的具体活动。

3. 联系活动单位或个人

一般进行定点的参观访问活动，都要事先与相关单位或个人进行联系，约定好时间，然后再有序地开展活动。个别在公众场合（如菜市场、路边等地）开展的调查活动，也要将相关的地理环境因素、时间因素、安全因素及不干扰他人工作等因素充分考虑在内。

4. 制订活动计划

制订活动计划时可以以班级为整体，集体制订一些"约定"。也可以以小组为单位，制订小组活动计划。在计划中，参观时间、地点、活动规则、注意事项等都应交代清楚。访问活动还必须考虑如何与被访者进行交流，交流时间什么？怎么问或谁来问等问题。要鼓励学生有创意地进行活动设计，尽可能将社会考察、参观和访问活动与研究性学习探究活动进行整合，全面了解考察、参观、访问对象，完善学生知识结构、社会阅历、生活积累和文化积累。

5. 其他注意事项

活动过程中的安全问题、交通问题、教师分配问题、学生的组织问题等也都是在进行班级活动设计时需要师生共同考虑的。

四、社会考察、参观和访问的基本过程

（1）确定社会考察、参观、访问的主题。要求做到活动目标明确，时间、地点具体。

（2）制订活动方案。可由学生根据活动目标自主地制订考察、参观、访问的具体方案，方案要求简洁、明了，有针对性。

（3）做好相关协调联系工作。活动前应与考察、参观、访问的对象（人或机构）取得联系，通过交流和磋商，确定具体时间表。

（4）做好活动前的准备工作。活动准备一般包括必要的活动设备、交通方式的确定、活动前的友情提醒、组织方式的确定等。

（5）进入实际情境，实施活动计划，进行资料搜集，展开实质性的考察、参观、访问活动。

（6）指导学生撰写考察、参观、访问的活动报告。

（7）交流考察、参观的体会，分享不同的感悟，进行活动的总结。

五、参观访问活动的组织与实施

1. 组织形式

社会考察、参观活动可根据活动的内容及目的确定活动的组织形式，一般以集体活动为主，分散活动为辅。教师组织为主，学生自主安排为辅。访问活动可根据活动的内容及目标确定组织形式，可以是班级共同参与的集体活动，也可以是以小组活动为主的分散活动。

2. 活动设计

一般来说，社会考察、参观访问活动的内容并不是孤立的，它总是与某个主题活动或某个目标相联系。在进行活动设计时，要引导学生全盘考虑活动的整体目标，以整体目标为前提，制订具体的活动目标，确定活动内容。在制订计划时，要尽量将可能遇到的问题考虑在内。

3. 活动保障

（1）安全保障。

组织学生外出活动时，要对学生进行必要的安全教育，提高学生的自我保护能力。一般要配备2-3名教师随同，以便处理突发事件，保证学生的安全。

（2）时间保障。

组织学生外出活动，要尽可能利用社区资源，选择就近区域。假如外出活动的地点较远，要尽量与学校进行沟通，或派车前往，或与学校少先队活动进行整合，或与每学期学校开展的大型综合实践活动进行整合，以保证学生顺利开展活动。

（3）活动设备保障。

活动前，要提醒学生带好相关的活动用具，除常用的记录本、笔之类的必带用具外，其他活动用具（如照相机、画板等）可以以小组分工合作的方式携带，这样可减轻学生的负担，也可避免活动中设备遗失。

4. 活动管理

社会实践活动中的管理可采取班级统一管理下的小组个性化管理形式，即班级中的成员首先必须遵守大前提下的共同约定。如活动时间的统一安排、规定的集合地点、必须共同遵守的相关纪律等。其次可以根据小组活动计划创造性地开展活动，获取相关信息。小组活动管理采取组长带领下的自我约束管理。

5. 活动评价

参观访问活动中的评价主要采取个体评价和小组评价，由学生对自己或同伴在活动中的表现、收获等进行评价，也可以请相关部门对学生的表现进行评价。

6. 活动交流和总结

参观访问活动的总结内容主要针对学生在活动中获得的对社会物质文化、精神文化和制度文化的认知、理解、体验和感悟的等方面的交流。通过交流，帮助学生总结提炼参观访问活动的主要内容及收获，在交流中分享他人的成果，锻炼学生的语言表达能力。

六、参观访问活动的注意事项

参观访问活动是一种与人交往的活动，为了提高活动的有效性，活动前一定要指导学生有备而行，以体现活动的价值取向，促进活动目标的达成。

1. 参观访问活动的目的性要明确

要让全体学生明确活动的目的，只有目标明确，才能提高活动的效果，活动才能有序进行。

2. 高度重视活动中的安全问题，保障学生的身心健康与安全

在组织外出参观访问活动前，对学生要加强安全教育。活动过程中，要尽量避免不安全因素。外出活动，学校要增加教师的配备力量，以保障学生的身心健康与安全，要高度注意活动实施过程中的安全问题，保障学生的

身心健康与安全,防止有害于学生身心及易引起诉讼的事件发生。

3. 活动过程中,要注重班级团队形象的塑造

外出活动,是培养班级团队精神的最佳契机。教师要引导学生明白:走出校门,班级形象即代表学校形象,个人形象也代表学校形象,活动是检验学生平时良好行为习惯的标尺。作为学校集体中的一员,每个人都有责任为塑造良好的学校形象出力。

4. 抓住活动契机,发挥教育功能

应根据活动目标选择适当的活动方式和组织形式,以引起学生的兴趣,丰富学生的感性经验。活动后的总结提炼是对学生进行教育的最佳契机,教师要充分利用好这个契机,对学生进行因势利导的教育,提升活动的教育功能。

5. 注意活动资源的利用与开发,为学生活动提供方便

活动资源的开发一般包括两方面内容:其一是指学校对社区、社会教育资源的有效利用;其二是指社区、社会为学校有效利用其资源创造条件。学校要强化有效利用校外教育资源的意识。社会、社区、家庭也要将教育孩子的责任看成是全社会的共同责任,教育行政部门要尽可能地运用行政手段为学生的社会实践活动提供方便。

学校应做好课程资源的储备和管理工作,加强课程资源库的建设,学校之间应加强联系,互通信息,互相支持,实现课程资源共享。

【相关案例】

参观博物馆活动方案

一、活动主题:走进博物馆,弘扬"五四"魂

二、活动时间:2011年4月26日

三、活动地点：齐齐哈尔市博物馆

四、参加人员

带队：团委负责人×××、青协会长×××

队员：团委10级全体学生干部、市场营销党支部

五、活动分工

1.活动前申报创意提供：×××

2.活动具体安排：×××

3.负责照相：记者团人员

4.负责安全：×××

5.电话联系：×××

6.签到记录：×××

六、活动背景

为纪念"五四"学生爱国运动92周年，大力弘扬"五四"精神，进一步增强青年学生的社会责任感和历史使命感，激发其爱国爱校、勤奋学习、实践创新、自立自强、奋发有为、报效祖国的热情，扎实推进我校共青团组织创先争优活动深入的开展，我院团委组织了本次参观博物馆活动，希望通过此次活动能够使我院同学了解到历史的原貌，并激发同学们的爱国热情以及当代中学生的使命感。引导团员青年以实际行动为高水平校园建设做贡献，以昂扬的精神风貌、优异的学习成绩和工作业绩积极向祖国献礼。

七、活动目的及意义

以参观博物馆的形式，从中回顾青年运动风雨历程，缅怀革命先驱丰功伟绩，引发青年学生对"五四"精神进行更为深入的思考与实践，深刻领会弘扬"五四"精神在新时期的重要现实意义，增强团员意识，增强团组织的归属感。

八、活动步骤

1.进行活动申报。

2.与齐齐哈尔市博物馆提前联系,并了解其情况。

3.确定活动时间及人数。

4.做好活动之前的必要准备,并做好安全措施。

九、安全预案

1.出发前及活动结束后都要做好人员的登记工作。

2.根据自身情况带一些常用物品,以备不时之需。

3.指导大家学习一些自我保护的安全措施,确保大家的安全。

4.牢记组员之间的联系方式,互相提醒大家时刻保持通讯设备畅通,方便大家联系。

5.领队人员应随时掌握参加活动人员的动向,在活动过程中,应随时清点人数,严格要求参加人员,未经批准不得擅自离队,以维护团队纪律,确保人员安全。

6.出发之前,应先集合全体人员,整队点名。

7.活动时,若发生安全事故,应根据应急预案及时采取救护措施,确保人身安全,防止事态进一步扩大。

十、注意事项

1.不得在博物馆内大声喧哗。

2.听从工作人员安排,不得私自在馆内走动。

3.在未经允许的情况下,不得私自用相机拍摄文物。

4.手机调成震动或静音,避免影响到解说员解说。

5.不要乱扔垃圾,或是擅动文物。

十一、活动总结

此次参观齐齐哈尔市博物馆活动,使同学们亲身领略了古代文化和现代文明,以及抗日时期抗日英雄们的英勇事迹。通过此次活动,切实地达到了

"拓展视野，增长见识，提升文化素养"的目的，同时为同志们间的沟通起到了桥梁纽带作用，也进一步地增强团员青年的爱国主义教育和社会主义教育，增强民族自尊心、自信心和自豪感，引导团员青年坚定跟党走中国特色社会主义道路的信心和决心。

【案例点评】

参观博物馆纪念馆是学生非常喜欢的课外活动之一。该校组织同学们参加齐齐哈尔市博物馆，在参观的过程中领略五四精神的伟大。在组织该活动前，要向学校申报此活动具体安排事项，经批准后进行组织参观。出发之前要向同学讲明参观注意事项和活动安排方案，以便同学们遵守参观纪律，更好地完成此次参观活动。学校还要做好照相摄像工作，为活动留下有意义的剪影。

第八章　中学班级读书活动

古人有"书中自有黄金屋"之说。朱熹也曾经指出，"读书百遍，其义自见"，杜甫所提倡的"读书破万卷，下笔如有神"等，无不强调了多读书、广集益的好处。通过开展班级读书活动，可以引导学生去正确面对纷纭繁杂而又丰富多彩的阅读世界，博览群书，开阔视野，丰富学生的知识储备，不断提升学生的整体综合素质，从而使学生身心得以健康的成长，潜能得以充分的发掘，以渊博的知识去适应和面对未来社会的需要和挑战。

第一节　读书活动计划的制订

著名教育家苏霍姆林斯曾经说过：一所学校可能什么都齐全，但如果没有为了人的全面发展和丰富精神生活而必备的书，或者如果大家不喜爱书籍，对书籍冷淡，那么就不能称其为学校。一所学校也可能缺少很多东西，可能在许多方面都很简陋贫乏，但只要有书，有能为我们经常敞开世界之窗的书，那么，这就足以称得上是学校了。可见，读书作为学校的一项基本活动，要有科学的计划、指导方法，并开展丰富的读书活动。

学校教育和教学的最重要的任务就是使青少年把读书作为最大的享

受，但班级读书活动不是随意组织和开展的，必须有科学的读书计划。班级读书计划是学生开展读书活动的具体指向和有效保证，包括读什么书，读书的时间安排、活动安排等。当学生清楚读书计划后，可根据计划积极主动地为实现这些目标而努力读书。

一、学生读书计划的原则和依据

慎重选择推荐读物，让每个学生都能找到适合自己的启蒙书。什么样的书学生爱读？哪些书适合某个年龄段的学生读？是我们每一位阅读推广人首先要面对的问题。帮助学生选好书，从他们喜欢读的书读起，一定会极大地引发他们的读书热情。但有两点值得注意：

1. 最经典的不一定是最适合学生的

这样说可能很多人难以接受。并不是轻视经典作品对于促进儿童精神成长的重要性，主要谈的是要合适的时候让学生看适合自己的书。就像吃饭，我们家长都有体验，有许多食品很有营养，但孩子就是不爱吃。这时你强迫他吃进去，即使他强咽下去了，也可能噎着，同时还可能加深了他对此种食品的憎恶。

2. 介绍的一定要是自己有所了解并为学生所喜爱的文学经典

要激发学生的阅读兴趣，不仅要靠教师引导，还要靠教师"身教"，以身示范，喜欢阅读的教师身边必定有一群喜欢阅读的学生。有人会说，教师的时间有限，工作任务又重，不可能在短时间内读那么多书。的确是事实，但不可以成为拒绝读书的理由。其实有一个很好的办法解决这个问题——就是速读系列丛书，比较细致地了解丛书里一、两个角色，然后在班级里绘声绘色地介绍，然后推广开来。这时可以组织班级学生小组读书比赛，然后分册交流，聆听交流时由于学生们已经知道了图书中涉及的一些内容或角色，降低了理解的难度，容易与他已有的阅读经验"连结"起来，容易唤起他们继续读更多系列作品的兴趣。

班级读书风渐成气候以后,教师在推荐读物时不仅只考虑学生的年龄特点及兴趣爱好,书目还要注意做到文学读物和知识读物的均衡;图画书和文字书的均衡。为保证图书的质量,我们还可以根据同年龄段的学生的兴趣相近的特点,与执教同年级的同行分享经验,与同事经常"聊"书,进行信息互补,可以事半功倍。

二、学生读书计划制订的过程

1. 提出要求

要求学生每学年购一本(套)新书参与借阅,要求每学期捐出的书要更新,要求全体学生参与,一个不能少,一天不能少。要求学生每学期阅读量不少于《语文课程标准》规定字数。要求教师严把图书质量关,内容健康向上,适合学生年龄兴趣。

2. 发出课外阅读倡议

活动开展一年多来,很多家长对该活动都很重视,但认识模糊,功利思想明显,不知道小孩应读什么书。学校为了提高家长的认识并取得家长的支持,发出了《〈给家长朋友,同学们的一封信〉——倡议学生大量读书》的书信,信中写道:"我们倡导的阅读是一种让学生自由快乐的阅读;是尊重学生兴趣的阅读;是一种不带有强烈功利色彩的阅读;是不增加学生课业负担的阅读;是一种润物无声、潜移默化的阅读——让我们的阅读成为一种生活方式、一种生活习惯、一种成长历程,把阅读作为一次终身发展的奠基工程。"每位老师推荐课外图书5—10本,汇成学校推荐给学生的目录,作为学生课外自由阅读的有益补充。该信一发出,在家长、社会引起了很大的反响,家长纷纷走访学校,鼎力支持,鼓励孩子们购买图书,大量阅读课外书刊。

3. 建立活动成果交流共享机制,试行活动评价方法。

每学期组织老师召开经验交流会、学生交流会、家长座谈会,交流做法和感想,完善读书活动细节。每学期结束要对学生读书活动进行小结、表彰,对班级活动效果要进行评价,保障该活动的持续有效进行。

三、学生读书计划的类型

学生读书计划的类型比较多,教师可以根据学生课业相关的内容和自己的需要选择适合学生和适合书籍本身的类型,其中最常见的班级读书计划有如下三种:

1. 学期计划

在开学初,教师可以根据需要制订一学期的读书计划,计划宜精读、泛读相结合。

2. 专题阅读计划

在班级学期阅读计划的基础上,教师要就精读的一本书、一个主题或专题制订可操作的流程,便于阅读活动的有序进行。

3. 个人阅读计划

在班级学期计划的基础上制订个人阅读计划,可以更好地养成学生课外阅读的习惯。教师可以设计一些操作方便的表格让学生更好地制订个人阅读计划。

四、学生读书计划的调整

1. 关于课内向课外拓展

课内向课外拓展是以教科书篇目为起点的。例如,由教科书中的一篇课文,生成一个教学单元,或由教材节选的一篇课文引发学生读整本原著。这种做法的优点是,课程的生成过程比较明显,便于教学控制;不足之处是,开放程度较低,难以满足学生阅读兴趣的个性需求。在引导学生读书的初始阶段,这种做法是比较稳妥可行的,易于为教师和学生接受。

例如,要学习课文苏轼的《念奴娇·赤壁怀古》,老师要求学生搜集有关苏轼的诗文以及评论文章,写出评论文章。最后形成一个教学单元,

题为"感悟苏东坡",篇目包括:苏轼作品:豪放词《念奴娇·赤壁怀古》（教材篇目）、《定风波·莫听穿林打叶声》、《密州出猎》,婉约词《浣溪沙·山下兰芽短浸溪》,诗《和子游渑池怀旧》,赋《前赤壁赋》;评论文章:余秋雨《苏东坡突围》、周国平《诗人的执着与超脱》。这个教学单元是以教材中苏轼的《念奴娇·赤壁怀古》为起点,学生用两周的课时从课外自选篇目,自学交流。由苏轼的豪放词,迁移到苏轼的婉约词,由词迁移到诗和赋,进而迁移到评论苏轼人格的文章,这是一个类似"滚雪球"的生成过程。教学主题是"品其文,识其人",把作品鉴赏和人生感悟结合起来,把阅读和写作结合起来。课堂讨论用两课时,交流学生的评论文章。这里要做一点补充说明,这个自组单元的教学是在高三上学期期末进行的,两篇评论文章分别选自余秋雨的《文化苦旅》、周国平的《守望的距离》,这两本书全班学生在高一刚入学时就已经通读了,是由学生推荐的,此前教师也没读过。

2. 关于跨学科人文阅读

常言道:"兴趣是最好的老师。"要使学生对读书发生兴趣,前提是尊重学生的读书情趣。只有把读书选择权归还给学生,才能引发学生读书的兴趣。当学生自主选择书目的时候,跨学科的人文阅读必然成为现实。教师应该引导学生的阅读品味,却不应该限制学生的阅读领域。从读书现状来看,教师要在读书领域方面做出引导,避免只读文学书籍的非理性倾向。总之,我们要在读书过程中与学生保持深度交流,随时调整读书计划。

【相关案例】

芦墟二中学生阅读活动计划

开展课外阅读是语文教学中的一个重要环节,《中学语文教学大纲》和

《中学学科教学常规》都明确规定：中学生要开展课外活动，每周课外阅读量不少于10000字。事实上，要培养学生的综合能力，提高学生的综合素质，课外阅读的确是不容忽视的重要手段。课外阅读是课内学习的延伸与补充。知识是广博的、互相联系的，尤其是语文。课本的功能只相当于一个例子、一块试验田、一把钥匙，更广阔丰富、更生动多变——更精彩的世界在课外。课外阅读促进了课内学习，而课内学习成绩的提高又刺激了课外阅读的积极性，这样，课外、课内便形成了良性循环，使学生尝到了课外阅读的甜头。

一、指导思想

课外阅读是相对于学校语文课内阅读教学所进行的阅读活动而言的，阅读方式以教师指导下的学生自主阅读、自由阅读和兴趣阅读为主。阅读内容指除教科书以外的童话、寓言、故事、诗歌、散文、中外经典名著、当代优秀文学作品、科普科幻读物和政治、历史、文化等各类读物以及各种文质兼美的人文读本、人物传记、时文选萃，面向相应学段学生的优秀报刊、杂志等。课外阅读是阅读教学的一个重要部分，它不但能激发学生的学习兴趣，还能提高学生的理解能力和口语交际能力。阅读是学生的个性化行为，课外阅读应以学生的自主学习为核心，让学生在自主的课外阅读实践中，加深理解和体验，让他们有所感悟和思考，受到情感熏陶，获得情感启迪，享受审美乐趣。教师应重在指导，引导学生确立正确的阅读态度、阅读动机，养成良好的阅读习惯、读书品质，掌握科学的阅读方法，促进学生良好行为习惯的形成与发展。引导学生在阅读过程中进行文化的积淀和文化的建构，开拓学生的精神世界和心灵空间，帮助学生树立正确的价值观、审美观，提高学生的人文素养和科学素质。

二、制订计划，落实人员，明确阅读要求

我校要制订学生课外阅读活动计划，明确落实具体措施和要求，校长室、教务处和各年级组要有专人负责，成立芦墟二中阅读指导小组，由分管教学校长负责。

三、转变观念,加强指导,保证阅读质量

广大语文教师应树立大语文教育观,认真做好课外阅读的指导工作,使学生在大量的阅读实践中,养成良好的阅读习惯,切实提高其阅读能力。

四、自主选择,读写结合,确保阅读数量

要求每位学生从推荐书目中至少选择三本作为本次阅读活动的必读图书,为了保证图书的质量,图书可以从学校图书馆借阅,也可自行到新华书店购买。读书期间,要求学生人人做好摘抄、写好读后感。阅读指导小组将对学生的"读后感"进行初评,并在此基础上评出一、二、三等奖。

希望我校语文教师、学生和家长能积极配合,全面提高学生课外阅读的质量。

芦墟二中学生阅读计划

活动类别	书 名	作 者	参加对象
名著阅读	《水浒传》	施耐庵	初一
	《鲁宾孙漂流记》	(英)丹尼尔·笛福	
	《钢铁是怎样炼成的》	(苏)奥斯特诺夫斯基	
	《格列佛游记》	(英)斯威夫特	
	《繁星·春水》	冰心	初二
	《巴黎圣母院》	(法)雨果	
	《三国演义》	罗贯中	
	《论语》	孔子	

活动类别	书　名	作　者	参加对象
主题活动	祖国在我心中		全体学生
	中国·骄傲!		
	校园环境靠大家		
	走进世博园		
	我在绿光农场		
其他活动	上好开学第一课		全体学生
	班级卫生大家谈		
	啄木鸟在行动		

【案例点评】

芦墟二中学生阅读计划主要涉及一些经典名著。根据学生的年龄特点和接受的难易程度,制订了不同阶段的读书书目,要求同学做好摘抄,并写好读后感,同时学校对同学们的读后感进行奖励评比,以激励同学们多读书、读好书、写出高质量的读后感。

第二节　读书积极性的调动

读书是学生精神发育最重要的源泉。一个人的阅读史,某种程度上是一个人的精神发育史。一个民族的精神境界,在很大程度上取决于这个民族的阅读水平。这是我们新教育实验的重要理念。读书能使人超越时空,与智者交谈,与伟人对话; 读书可以使人在超越世俗生活的层面上,建立起精神生活的世界。

一、读书习惯的养成

读书的习惯不是一朝一夕就能养成的，如果没有一定的激励、监督机制，这项活动就很容易变味。为了激发学生持久的兴趣，提高阅读质量，很多老师试过许多的方法，下面简单列举一二。

1. 老师是学生最好的榜样

提倡师生共读就是很好的形式。比如老师读到好文章就带到教室读给学生听听，或者问问学生最近看到什么好看的书请他们推荐给老师看，向学生借阅，这都是很好的激发学生读书兴趣的方式。例如，在课堂上，当孩子们专心写作业的时候，某某老师常常拿起班里图书角的书站在那里读，往往她读过的书很快就会成为孩子们最喜欢读的书。

2. 家校联系，请家长协助

有的老师曾建议家长周末把孩子送到书店让他自己看书（当然做好安全教育是第一位的）；再如当孩子取得好成绩时，请家长用书奖励他；当他寂寞时，请让书本成为他的朋友。其实家长都知道老师是为了他们的孩子好，虽然要他们做到亲子共读很难，但是让他们给孩子买本书看，绝大多数家长都会配合的。老师也可以利用家长会的时候进行培养孩子看书习惯的动员，一位老师就曾经对家长说："如果你发现你的孩子既不做作业又不爱看书，你马上就要与老师联系；如果你的孩子不爱做作业但是爱看书，你就不用担心了。"

3. 让学生的阅读从声像、图画、漫画书开始，然后文字跟进

比如，在电视剧《三毛流浪记》热播期间推荐学生看《三毛流浪记》的连环画和故事书；学校组织看完电影《男生贾里》《女生贾梅》就推荐学生阅读秦文君的同名小说；学生爱看漫画《老夫子》，我就向他们推荐《父与子》这本世界著名漫画书，然后再推荐看《感悟父爱母爱》。故事书是学生最喜欢的，郑渊洁、杨红樱的书畅销就是因为新奇有趣的故事吸引学生。所以对不爱看书的孩子就从推荐看故事情节强的书开始。

4. 利用许多时机鼓励读书

比如作文批改时，发现学生引用了某个句子就标出来，批上："你这个句子引用在这里恰到好处。"学生下次一定会在作文中多引用一句。比如学生发言用了个好词可以板书出来，隆重表扬一下："你一定很爱看书，这个词语用得多好啊。"以后的课中我们会发现用好词的更多了。有时老师还需要卖弄一下，上课时用两个成语，用一句名言，背两句古诗，如果学生能接应就说："你和老师一样爱看书，一样厉害。"如果接应不上来，不妨激将一下："知道为什么你们比不上老师吗？因为老师爱看书，会把看过的好东西背下来。"

5. 依托班级活动，激发和维持阅读兴趣

（1）每学期开校就带领孩子们一块制订班级读书活动方案和个人读书计划。

（2）利用黑板报作宣传，树立正确的读书观。比如，针对班里一些孩子觉得读书没有玩电脑游戏过瘾、没有看电视热闹这一想法，一位老师就利用黑板报给孩子们强化这样一种观念：读书，是一件快乐轻松的事情；针对一些错误的认识和观点，比如，有的孩子说"我都读了好多书了，怎么语文成绩还是没有明显的提高？"或者说："我读了那么多作文书，写作文的时候还是不会写，怎么一点用都没有？"还有个别家长说："学习都上不去，读那些闲书干啥"？有的家长只允许孩子读一些作文指导类的书，我就利用黑板报告诉大家，阅读活动和其他学习活动是有很大区别的，我们从书籍中汲取的营养并不是都能立竿见影地表现出来的。也就是说，并不是你今天读了一本书，明天你就能妙笔生花，写出一流的作文，或者你的思想认识就会有了什么质的飞跃。我们必须明白，读书是一个渐进积累的过程，书籍给予我们的营养是慢慢渗透的，对我们的影响是潜

移默化的。因此,我们必须以良好的心态去读书,既不能急功近利,也不要幻想一蹴而就。

(3)利用队会时间组织朗诵会、故事会等,创造条件让学生广泛地"读",大量地"读"。

(4)召开班级读书节活动(每次利用一个半天时间),在读书节上,孩子们展示情趣阅读卡、读书小报、读书笔记,评选优秀读书征文,进行好书推荐、好书换读,交流建立小书库的经验,谈论如何买书、存书、读书的心得体会,评选读书之星等。

(5)对课外阅读取得一定成绩的学生,及时地鼓励,让他们体验成功的喜悦。当学生在获得成功后,会继续坚持大量的广泛的阅读,良好的读书习惯也就随之形成。同时个人的进步往往又是同学们效仿的范例,这样班里就会形成浓厚的课外阅读氛围,其意义也就更加深远了。

(6)为了引导孩子们做一个文明有仪、知书达礼的人,就在班里开展了"道德银行"的体验活动,学生把每天的文明行为兑换成一定的分值存入"道德小银行",周末评选出道德"富翁"进行奖励。对学生的奖励是多方面的,但有几项特别受学生们的喜爱,那就是获得老师家书柜的阅读卡和拥有休息日被邀请到老师家读书的特权。在这项活动中,学生投入的可能是小小的、一件件微不足道的事情,可能是一句问候、一次帮助、一次爱心捐助,但他们收获的是不断增值的道德的、行为的、思想的、知识的积累。

总之,激发学生读书兴趣的方法很多,只要有效的都是好方法。

二、精心组织班级读书活动,让每个学生都享受到读书的快乐

推荐适合学生读的图书,是阅读推广工作的第一步,也仅仅是起步。就像我们牵牛饮水,你即使把它牵到了河边,但不一定就保证了它一定饮水一样。把学生带到了图书世界的大门口,还要想办法把他们带进去,让每个学生都充分享受到读书的快乐。这就需要在班级读书指导上下功夫。当前国外流行的"大声为学生读书"和在台湾盛行的"班级读书会"都值得借鉴。前者保证了学生在轻松愉悦的心境下走进书，后者为学生们提供了交流的平台，笔者尝试在班级里开展这两项活动，效果不错。

1. 大声给学生读书

倾听是学生阅读的开始，学生最初的阅读兴趣和良好的阅读习惯来源于倾听。每一位年轻的家长或许都有在睡前孩子缠着你为他读故事的经历。可见学生从小并不拒绝书的。后来一些学生对书渐渐失去兴趣，很直接的原因是他们在自己阅读时遇到了困难：除了故事本身的表现手法外，还有就是识字困难带来的阅读障碍。于是在一位老师的班级中，当学生们识字不多的时候，大声读成了我和学生们约定的读书方式，他把早操前的十分钟命名为"王老师读故事"时间，固定为学生大声朗读。为了激发学生们的阅读兴趣，他还在给学生们大声读的过程中，不断变换操作的方式：有时从题目入手，猜故事；有时从内容切入，想开头；有时留下悬念，编结尾——这样一步一步吸引学生们阅读，给学生们以想象的空间，让学生们在或听、或编、或说中，既锻炼了学生的想象力、口头表达和写作能力，又激发了学生们的阅读兴趣，可谓一举多得。

2. 班级读书会

阅读主体是学生，读后交流有利于加深对读物的思考，同时还可以延续读书时的兴奋，彼此分享阅读经验。班级读书会就是一种很好的方式，它包括了选书——阅读——讨论这样一个完整过程。班级读书会一学期可进行二三次，其主要活动方式是组织学生对一本书进行讨论。低年级一节课，中高年级可以是两节课。在讨论前，老师可把学生们写的阅读记录表张贴出来（让学生有一种成就感）。讨论时可以把学生的座位排列成方便交流的圆形，用更轻松自由的形式来进行师生互动。老师要明

白，班级读书会中，教师的作用是组织学生讨论，引导学生发言，不能越俎代庖，不能像上课一样讲个不停。老师的教学设计可以粗略一些，不必一个个环节抠得太死。教师要注意的是自己一定要参与阅读，并事前设计出具有张力的问题激发学生广泛交流，催发深入阅读的兴趣。比如大家熟知的特级教师周益民老师在组织学生阅读金波先生长篇童话《乌丢丢的奇遇》，讨论《逆风的蝶》这一章节时，就重点引导学生思考了这样三个问题：蝴蝶和狂风谁的力量更强大？蝴蝶这一路上孤单吗？蝴蝶和蔷薇谁更幸福？以这三个具有一定张力的话题拉动整堂课的进行，追求线条的简洁却向内里的收敛。课堂上学生热烈的争论，积极的思考，使学生的读书效果得到了升华。

三、分层次多元评价激励，让每个学生都养成自觉读书的习惯

学生阅读兴趣的火花一旦被点燃，我们还需要通过一定形式让这些"星星之火得以燎原"。分层次多元评价方式就仿佛催化剂，在评价激励中促使每位学生最终养成自觉读书的好习惯。由于课外阅读具有开放性、广泛性，所以又不能强行对每一位学生统一要求、统一步调、统一内容，评价的标准不能一刀切，因此操作上宜主要采用模糊评价的方式，对"爱读书"、"多读书"、"会读书"方面进行综合性评价；在评价时还要坚持个体基础评价（允许在程度和时间上的不同）和异步学业评价（允许在方式和速度上的不同）并用，以体现"千人千尺"的要求。只要能够最大限度地激发学生课外阅读的积极性和主动性，有利于消除学生的自卑感，增强自信心，评价的目的就算达到了。由于评价的目的是为了促进阅读而不是获得终极结果，因此评价主体除了教师以外，家长、学生都要参与进来。在实施过程中不仅把标准交给学生、家长和教师，而且要求教师、学生、家长平时将评价标准与日常的教育、教学、生活紧密结合起来，进行形成性评价。为了保证评价手段的科学性与连续性，指导学生

在开学初针对自己的实际制订出《学期课外阅读计划》《月课外阅读计划》《周课外阅读计划》，按时对照检查，同时认真记载《读书卡》，书写读书笔记、心得。每月开展一次阅读活动，每学期开展2~3次具有专题性的课外阅读活动课，或是阅读经验交流，在活动中评价学生阅读情况，促进学生语文能力提高。另外还要创造多种机会让学生展示阅读成果。充分利用好图书角、黑板报、学习园地、校园校广播等媒介，满足学生的心理需求，及时展示学生课外阅读成果。通过作品展示评价学生的阅读成果，注重个性差异，使每个学生都感受到成功的乐趣，享受到读书的快乐，直至养成读书习惯。

【相关案例】

"书香班级"读书活动方案

一、活动目的

"书中自有黄金屋，书中自有颜如玉"，"万般皆下品，唯有读书高"，历览前贤的读书生涯，常赞叹于前人的鸿篇伟作，也常感叹于自身的读书不足，为营造浓厚读书氛围，树班级形象，强班级信心，特开展读书活动，目的如下：

1. 通过活动，让读书成为学生的一种生活方式，养成读书、爱书的好习惯，促进学生各方面素质的提高，为他们今后的成长及终身学习提供文化底蕴和发展后劲。

2. 通过活动，使学生学会充分利用班级小小图书室读书。

3. 通过活动，让学生学会搜集、处理、接受信息，丰富他们的知识，拓宽他们的视野。

4. 通过活动，营造浓厚的"书香氛围"，建设有特色的班级文化品牌。

二、集体活动时间

初一上下学期,每月最后一周周五下午的班会课。

三、活动主题

1. 我和我的祖国

2. 经典与我同行

3. 播下一个行动,收获一种习惯

四、活动口号

书中自有黄金屋,书中自有颜如玉。

书山有路勤为径,学海无涯苦作舟。

读书破万卷,下笔如有神。

播下一个行动,收获一种习惯;播下一种习惯,收获一种性格;播下一种性格,收获一种命运。

五、活动内容

1. 启动读书活动。号召学生每人自带一本课外读物,成立班级小小图书室,同时班主任带头自捐5本有益书籍,任课老师捐一本,并设立"图书管理员",制订借阅制度;同学与同学之间,建立"好书交换站",定期举行"好书换着看"的活动。

2. 打造"书香氛围"。

(1) 设计读书标语,贴于班级的墙上;

(2) 班主任每天推荐4句名言(刘墉的励志名言和古诗名句),要求能够背诵;

(3) 每周一早读课推荐一个哲理小故事,读一读,品一品,悟一悟。

3. 做好读书笔记。每个学生结合个人实际,准备一本读书笔记本,具体格式可让学生根据自己喜好来设计、装饰,使其生动活泼、各具特色,其中要有读书的内容、容量、阅读时间、好词佳句集锦、心得体会、读书笔记等栏目。

4. "相约好书,牵手美文"读书交流活动。每月周五下午的班会课作为学生集体阅读交流的时间,指导并激励学生快乐读书,共享读书的乐趣。开展"我和我的祖国"、"换一本书,交一个朋友"、"知识竞猜"、"经典与我同行"等活动,活动后每位同学写一篇读后感,一学期所写读后感不少于4篇。

5. 出读书小报

根据所定主题,学生收集有关资料,每学期出一次读书小报。

6. 读书内容

(1)指定书目

《格列佛游记》、《繁星·春水》、《骆驼祥子》、《鲁滨逊漂流记》。

(2)选读书目

小小图书室自带书籍、《读者》、《中学生天地》等。

(3)教师推荐每周小故事和每日必读名言

A. 几个给人启发的小故事:《宽容》、《靠自己》、《鲨鱼与鱼》、《神迹》、《钓竿》、《竭尽全力的小蚂蚁》、《勇敢的猎豹》、《钓鱼》、《选择》、《赶考》、《人生的瓶子》、《你肩膀上有蜻蜓吗?》。

B. 每日必读名言:值得孩子们读一读的刘墉语录(节选)。

★最强的对手不一定是别人,而可能是我们自己。在超越别人之前,先得超越自己!

★人生的道路是更危险的,因为它只有去,没有回,走的都是过去都不曾经历,且只可能经历一次的路。

★当你一人独行的时候,会变得更聪明;当你离开父母的时候,才知道父母多么成为你的倚靠、你的盼望。

★在这个速度的时代,同时间永远只能做一件事的人,将可能被淘汰!

★用时间好比用金钱,如果你知道怎样用钱,也就应该知道怎样用时间。

★善于理财的人，能够用有限的金钱，买到他所需要的东西，甚至以钱滚钱，创造更多的财富。

……

六、活动延伸

开展此项读书活动，旨在培养学生的读书兴趣，培养健全的人格，丰富学生的读书生活，倡导文明的生活方式，并希望能把这种习惯带到家庭，影响家庭，形成家校共读的生动局面，所以鼓励孩子们在家把故事读给父母听，也鼓励父母读书，把故事讲给孩子听。所以可开展"全家总动员"亲子读书活动，建议每位学生建立家庭"小书架"，与好书交朋友，并开展与家长共读一本好书的活动。要求读后与家长共同制作"读书信息卡"，包括书名、作者、页数、阅读时间等基本信息及亲子读书笔记（读书语录、感言、心得等）两部分。

七、活动总结

"读书先进个人"评比：

1. 课余时间经常读书，有浓厚的读书兴趣。

2. 本学期至少写6篇读后感，文笔美，感悟深。

3. 一学期累计读书不少于四本。

4. 积极参加读书交流会，并能大胆表达自己的观点。

【案例点评】

"书香班级"活动为班级创造了一个浓厚的读书氛围。号召学生每人自带一本课外读物，成立班级小小图书室，同时班主任带头自捐5本有益书籍，任课老师捐一本，并设立"图书管理员"，制订借阅制度；同学与同学之间，建立"好书交换站"，定期举行"好书换着看"的活动。做好读书笔记、出版读书小报、记录读书名言。并把这种活动带出课堂、带给家庭、父母，鼓励大家建立个人小书架，并进行"读书先进个人"的评比。无处不书，无时不书，同学真正做到了在书的海洋里遨游，受益终身。

第三节　读书方法的指导

一、什么是"读书"

"读书"看起来是个不用解释的词语，很多人认为学生上学就是在读书，其实这是把"读书"狭隘化了。我们的读书活动有两大部分，一是语文课堂里对范文的阅读（课内阅读），二是课外图书的阅读。有人把"课堂阅读"和"课外阅读"比作学生阅读的一对翅膀，缺少了哪一只，学生的阅读都不能有良好的效果。我们通常所说的读书，指的大多是课外阅读。

《语文课程标准》明确指出，课外阅读等是语文教学的组成部分，和课堂教学是相辅相成的。课外阅读对于开拓学生视野，活跃学生思维，发展学生智力，具有其他任何活动都不可替代的作用。

二、为什么读书

对于这个问题，也许有很多中学生会有这样的回答："为了有好成绩！""为了考高分！"当然，读书也不排除这些功用，但这只是最低层次的需要，读书应该还有更高的追求。

1. 读书是自我发展的需要

纵观古今中外的成功人士，没有一个不是嗜书如命的。因为人类所有的智慧，都浓缩在书籍里面，读书就是从书里面汲取这些智慧的精华，从这个意义上来说，远离书本，就是远离成功。所以古人才说"万般皆下品，唯有读书高""腹有诗书气自华""生活里没有书籍，就像生命里没有阳光；智慧里没有书籍，就如同鸟儿没有翅膀"。所以我们的先人能够

"头悬梁锥刺股"，能够"凿壁偷光"，能够"囊萤映雪"。

2. 读书是语文学习的需要

语文学习重在积累，没有一定的阅读数量，就很难学好语文。那些语文成绩好，写作水平高的学生，无一不是读书多的学生。有一个成语叫举一反三，这是学数理化等自然科学的方法，指通过一个例题，便能学会解大量同类习题。可是语文的学习和这些课程正相反，是"举三反一"，也就是说，只有通过多读书，多多地积累，先求一个量变，然后才能发生质变。看看我们的语文课本，一册书30篇课文，总共才3万字，还不及一篇普通的中篇小说的字数。何况现在语文考试，课内现代文部分几乎不考，学生应付考试所学的无非是几篇文言文、诗词和有限的一些生字词。因此，只有大量进行课外阅读，才是学好语文的必由之路。

三、读什么书

古人说开卷有益。可是现在来看，开卷未必有益，关键看读什么书，是不是读好书。读不健康的书，不但无益，反而有害。某学校曾经在班里让学生把自己喜欢读的书写下来，发现多数学生喜欢看漫画、玄幻小说、恐怖故事等等。这些书偶尔翻翻倒可以放松紧张的情绪，但若沉迷其中则危害不浅。那么，应该读什么书呢？

（1）文学名著。文学名著是经过历史的大浪淘沙最终流传下来的经典，它们的人物形象、故事情节、艺术手法都是充满了魅力的。

（2）人物传记。名人的成长经历对中学生来说是有着足够的吸引力，名人的思想品质对中学生的心灵净化也有着不可忽视的作用。

（3）历史故事。这类作品通俗易懂，深入浅出，可以让学生了解中外历史的基本常识。

（4）报纸杂志。报纸可以让中学生了解社会，开阔视野。好的杂志可以让学生提升思想，得到美的享受，而且花费时间不多。如《读者》《意

四、读书的方法

读书的方法多种多样,下面介绍常见的几种。

(1)泛读。泛读即广泛阅读,指读书的面要广,要广泛涉猎各方面的知识,具备一般常识。不仅要读自然科学方面的书,也要读社会科学方面的书,古今中外各种不同风格的优秀作品都应广泛地阅读,以博采众家之长,开拓思路。马克思写《资本论》曾钻研过1500种书,通过阅读来搜集大量的准备资料。

(2)精读。朱熹在《读书之要》中说:"大抵读书,须先熟读,使其言皆若出于吾之口;继以精思,使其言皆若出于吾之心,然后可以省得尔。"这里"熟读而精思",即是精读的含义。也就是说,要细读多思,反复琢磨,反复研究,边分析边评价,务求明白透彻,了解于心,以便吸取精华。对本专业的书籍及名篇佳作应该采取这种方法。只有精心研究,细细咀嚼,文章的"微言精义",才能"愈挖愈出,愈研愈精"。可以说,精读是最重要的一种读书方法。

(3)通读。即对书报杂志从头到尾阅读,通览一遍,意在读懂,读通,了解全貌,以求一个完整的印象,取得"鸟瞰全景"的效果。对比较重要的书报杂志可采取这种方法。

(4)跳读。这是一种跳跃式的读书方法。可以把书中无关紧要的内容放在一边,抓住书的筋骨脉络阅读,重点掌握各个段落的观点。有时读书遇到疑问处,反复思考不得其解时,也可以跳过去,向后继续读,就可前后贯通了。

(5)速读。这是一种快速读书的方法,即陶渊明提倡的"好读书,不求甚解"。可以采取扫描法,一目十行,对文章迅速浏览一遍,只了解文章大意即可。这种方法可以加快阅读速度,扩大阅读量,适用于阅读同类的

（6）略读。这是一种粗略读书的方法。阅读时可以随便翻翻，略观大意；也可以只抓住评论的关键性语句，弄清主要观点，了解主要事实或典型事例。而这一部分内容常常在文章的开头或结尾，所以重点看标题、导语或结尾，就可大致了解，达到阅读目的。

（7）再读。有价值的书刊杂志不能只读一遍，可以重复学习，"温故而知新"。著名思想家、文学家伏尔斯泰认为"重读一本旧书，就仿佛老友重逢"。重复是学习之母。重复学习，有利于对知识加深理解，也是加深记忆的强化剂。

（8）序例读。读书之前可以先读书的序言和凡例，了解内容概要，明确写书的纲领和目的，有指导地进行阅读。读书之后，也可以再次读书序和凡例，以便加深理解，巩固提高。

（9）选读。就是读书时要有所选择。古往今来，人类的文化宝藏极为丰富。一个人的精力毕竟有限，如果不加选择，眉毛胡子一把抓似的读书，就不会收到好的效果。可以结合自己的情况，有针对性地选择书目，进行阅读，这样才能达到事半功倍的效果。

五、读书的原则

（1）要有计划、有目的地读书，要读的书有很多，不可能同时全部读完，应该有缓急、轻重之分。可以根据自身的需要，制订读书计划，确定读书方向，减少盲目性，增强自觉性。可以先读经典著作，再扩大范围，读力所能及的各种各样的书籍，循序渐进，不断增加阅读的深度和广度。

（2）要博览和精读相结合，重在精读。所谓博览，就是要"博采众家，取其所长"。但博览要和精读相结合。"诵读宜博，而研究则宜专。广泛地阅读了各派各家的名著，然后从中择取最博大精深、最有现代价值的名著来研究，这是有利无害的方法。"（茅盾：《创作的准备》），这段话正确指出了博和精的关系，对阅读各学科的书籍杂志都有帮助。许多伟人的文章博大精深，正是他们博览泛采，融会贯通的结果。

（3）要专心致志，坚持不懈，朱熹在《训学斋规》中说："读书有三到，谓心到、眼到、口到。心不在此，则眼不看仔细，心眼既不专一，思想不集中只能随便地诵读，决不能记，记亦不能久也。三到之中，心到最急。心既到矣，眼口岂不到乎？"读书要定下心来，沉浸于其中，才能领会书中的佳妙之处。若只是东翻西翻，将徒劳无功。而且，要勤奋苦读，坚持不懈，才能大有收获。

（4）合理安排时间，提高阅读效果，对不同的书籍可以采用上述不同的读书方法。重要的书，要多花时间，并安排在脑力活动最佳的时间阅读，以开阔思路，提高效果；一般常识性的书刊杂志，宜放在休息时间阅读，如茶余饭后等，既作消遣又能扩大知识面。高尔基曾说："书本具有一种能给我指出我在人的身上所没有看见和不知道的东西的能力。"书能明目，书能增智，书的魅力无穷无尽，只要爱好读书，讲究读书的原则和方法，持之以恒，就能从书籍中汲取有益的营养。但愿大家多读书，读好书，善读书，向学贯东西、文通古今的目标去努力。

"一个不重视读书的学生，是一个没有发展的学生；一个不重视读书的家庭，是一个平庸的家庭；一个不重视读书的学校，是一个乏味的学校；一个不重视读书的民族，是一个没有希望的民族。"对学生而言，能够从小就体会到读书是一桩快乐的事情，从而终生享受书籍所带来的无穷乐趣，是社会、学校与家长所共同给予他们最好的礼物。所以，给学生的心灵多撒播一些好书的美丽种子。让学生与书香为伴，在读书中成长。

【相关案例】

名人读书小故事

鲁迅嚼辣椒驱寒

鲁迅先生从小认真学习。少年时,在江南水师学堂读书,第一学期成绩优异,学校奖一枚金质奖章.他立即拿到南京鼓楼街头卖掉,然后买了几本书,又买了一串红辣椒。每当晚上寒冷时,夜读难耐,他便摘下一颗辣椒,放在嘴里嚼着,直辣得额头冒汗。他就用这种办法驱寒坚持读书。由于苦读书,后来终于成为我国著名的文学家。

王亚南苦读成才

王亚南小时候胸有大志,酷爱读书。他在读中学时,为了争取更多的时间读书,特意把自己睡的木板床的一条腿锯短半尺,成为三脚床。每天读到深夜,疲劳时上床去睡一觉后迷糊中一翻身,床向短脚方向倾斜过去,他一下子被惊醒过来,便立刻下床,伏案夜读。天天如此,从未间断。结果他年年都取得优异的成绩,被誉为班内的三杰之一。他由于少年时勤奋刻苦读书,后来,终于成为我国杰出的经济学家。

侯宝林抄书

相声语言大师侯宝林只上过三年小学,由于他勤奋好学,使他的艺术水平达到了炉火纯青的程度,成为有名的语言专家。有一次,他为了买到自己想买的一部明代笑话书《谑浪》，跑遍了北京城所有的旧书摊也未能如愿。后来，他得知北京图书馆有这部书，就决定把书抄回来。适值冬日，他顶着狂风，冒着大雪，一连十八天都跑到图书馆里去抄书，一部十多万字的书，终于被他抄录到手。

张广厚吃书

数学家张广厚有一次看到了一篇关于亏值的论文，觉得对自己的研究工作有用处，就一遍又一遍地反复阅读。这篇论文共20多页，他反反复复地念了半年多。因为经常的反复翻摸，洁白的书页上，留下一条明显的黑印。他的妻子对他开玩笑说，这哪叫念书啊，简直是吃书。

高尔基救书

世界文豪高尔基对书感情独深，爱书如命。有一次，他的房间失火了，他首先抱起的是书籍，其他的任何东西他都不考虑。为了抢救书籍，他险些被烧死。他说："书籍一面启示着我的智慧和心灵，一面帮助我在一片烂泥塘里站起来，如果不是书籍的话，我就沉没在这片泥塘里，我就要被愚蠢和下流淹死。"

"刺股悬梁"

战国时的苏秦，夜以继日地读书，实在太累了，就用锥子刺腿来使头脑清醒；汉代的孙敬，为了防止读书时瞌睡，便用一根绳子把自己的头发系在房梁上，只要一打瞌睡就会被扯醒。这就是历史上"刺股悬梁"的故事。

"囊萤映雪"和"凿壁偷光"

晋朝的车胤、孙康、匡衡，家里都很穷，连点灯的油都买不起。夏天的晚上，车胤用纱布做成一个小口袋，捉一些萤火虫装进去，借着萤火虫发出的光亮看书；孙康在严寒的冬夜坐在雪地里，利用白雪的反光苦读；匡衡在墙上凿了个小洞，"偷"邻居家的一点灯光读书。

【案例点评】

这一节的案例给出了几个非常典型并耳熟能详的名人读书故事。同学在伟人名人的潜移默化下会受到更好的激励，他们先进的读书方法、刻苦的读书精神、坚毅的读书行为等都会化作同学们的精神食粮，引导他们"书山有路勤为径"，在学习了知识的同时，更感受到了读书品质的可贵和读书机会的不易，使其更加珍惜自己的读书生活。